# Wissenschaftsrecht

Zeitschrift für deutsches und europäisches Wissenschaftsrecht



Beiheft 26

Klaus Ferdinand Gärditz

# Cephalopoden im Tierversuchsrecht

## Eine Fallstudie zu biowissenschaftlicher Grundlagenforschung, Modellorganismen und epistemischer Lastenverteilung im Verwaltungsrecht



Mohr Siebeck

*Klaus Ferdinand Gärditz*, geboren 1975; Studium der Rechtswissenschaften in Bonn 1995–1998; Referendardienst in Rheinland-Pfalz 1999–2001; Promotion 2001 in Bonn; 2002–2004 Verwaltungsrichter in Rheinland-Pfalz und Rechtsanwalt in Bonn; 2004–2009 Wiss. Assistent an der Universität Bayreuth; Habilitation 2009; seit Sommersemester 2009 Professor für Öffentliches Recht an der Universität Bonn; 2014–2021 stellv. Richter am VerfGH NW; 2015–2021 Richter im Nebenamt am OVG NW. Seit 2020 Mitglied der Nordrhein-Westfälischen Akademie der Wissenschaften und der Künste.

ISBN 978-3-16-162600-5 / eISBN 978-3-16-162720-0
DOI 10.1628/978-3-16-162720-0

ISSN 0948-1478 (Wissenschaftsrecht: Beiheft)

Die Deutsche Nationalbibliothek verzeichnet diese Publikation in der Deutschen Nationalbibliographie; detaillierte bibliographische Daten sind im Internet über *https://dnb.de* abrufbar.



Das Heft wurde von Laupp & Göbel in Gomaringen gesetzt, auf alterungsbeständiges Werkdruckpapier gedruckt und von der Buchbinderei Nädele in Nehren gebunden.

Printed in Germany.

# Vorwort

Die vorliegende Untersuchung behandelt ein sehr spezielles Thema, das freilich nur auf den ersten Blick peripher wirkt, aber schnell in zentrale Fragen des Wissenschaftsrechts (einschließlich einer eigentümlich forschungsnahen epistemischen Dimension) führt. Der Text ist aus einer schlichten Laune heraus entstanden. Ich beschäftige mich wissenschaftlich in unterschiedlichen Bereichen mit dem Tierversuchsrecht, nicht zuletzt über einen lebendigen und lehrreichen Austausch mit meinen Kolleginnen und Kollegen am Universitätsklinikum Bonn, die mit Tierversuchen arbeiten, sowie als Mitglied in der „Ständigen Senatskommission für tierexperimentelle Forschung" der Deutschen Forschungsgemeinschaft. Normalerweise wird man dort ausschließlich mit heute hochstandardisierten und überwiegend gentechnisch veränderten Labortieren konfrontiert. Gearbeitet wird mit Mäusen und Ratten, selten einmal mit Schweinen. Bei dieser Arbeit war mir aufgefallen, dass die EU-Tierversuchsrichtlinie im Jahr 2010 zwar den Schutzumfang um Cephalopoden ergänzt hat, es aber keine deutschsprachige Literatur zu den Hintergründen und auch keine deutschen Debatten hierzu gibt. Geweckter Neugierde folgte – wie üblich – Recherche, die dann im Ergebnis mehr Fragen aufwarf als beantwortete. Auch als dringend nötiger Ausgleich für Belastungen mit verschiedensten Aufgaben ist dann sukzessive dieser Text entstanden. Ich verbinde trotz des anekdotischen Anlasses der Entstehung damit die Hoffnung, zur Aufhellung beizutragen, wie unser Tierversuchsrecht strukturiert und warum am Ende alles viel komplizierter ist, als es auf den ersten Blick erscheint. Es ist zugleich ein Appell an die Rechtswissenschaften, mehr interdisziplinäre Sensibilität zu zeigen und sich gerade im Wissenschaftsrecht auf die Eigengesetzlichkeiten der Fächer einzulassen, die rechtlich reguliert werden.

Ich habe am 28. März 2023 ein strukturiertes Gespräch mit Professor Dr. *Gilles Laurent*, Dr. *Antje Berken* und Dr. *Emily Northrup* vom Max-Planck-Institut für Gehirnforschung in Frankfurt am Main über die Forschungsansätze, Herausforderungen und Erfahrungen mit Cephalopoden im Tierversuch geführt. Ich danke sehr herzlich für das aufschlussreiche Gespräch, das wesentlich dazu beigetragen hat, diese Untersuchung abzuschließen. Die hieraus gewonnenen qualitativen Erkenntnisse sind in die vorliegende Untersuchung eingegangen und an entsprechenden Stellen zitiert.

Ferner möchte ich zwei Personen danken, die sich um diese kleine Untersuchung sehr verdient gemacht haben: Meine Mitarbeiterin Frau *Karoline Linzbach* hat mich in das bezeichnete Gespräch mit dem MPI begleitet und mit mir meine hieraus gezogenen Schlussfolgerungen engagiert diskutiert. Sie hat zudem die Mühe auf sich genommen, das Manuskript auf Schreibfehler und Unklarheiten gegenzulesen. Danken möchte ich ferner Dr. *Hjördis Czesnick*, die liebenswürdigerweise aus eigener Neugierde meine Manuskriptfassung angesehen und als Biologin sehr wichtige Rückfragen zu den rechtswissenschaftlichen Folgerungen gestellt hat, die mir nicht zuletzt Anlass für die eine oder andere notwendige Präzisierung gaben. Ganz herzlichen Dank!

Bonn, Mai 2023 Klaus Ferdinand Gärditz

# Inhaltsverzeichnis

# I. Hintergrund

Niemand darf einem Tier ohne vernünftigen Grund Schmerzen, Leiden oder Schäden zufügen (§ 1 Satz 2 TierSchG[1]). Diese tierethisch begründete Basisregel des geltenden Tierschutzrechts ist epistemisch voraussetzungsvoll, weil sie implizit Kenntnisse über Empfindungsvermögen einer Tierart voraussetzt, die nicht zwingend gesichert sind. Wie schwierig die Erfüllung des tierschutzrechtlichen Auftrags unter den besonderen Bedingungen tierexperimenteller Forschung sein kann, aber auch wie wenig reflektiert bisweilen Rechtsetzung erfolgt, die sich mehr von öffentlicher Intuition als von wissenschaftlichem Sachverstand leiten lässt, zeigt der normative Grenzfall der Tierversuche mit Cephalopoden[2].

Tierversuche mit Cephalopoden spielen heute eine praktisch eher randständige Rolle,[3] sie haben Bedeutung vor allem für Bereiche neurowissenschaftlicher Grundlagenforschung. Für eine rechtswissenschaftliche Modellbildung, die die Verarbeitung von Konflikten in rechtlichen Verfah-

---

[1] Tierschutzgesetz in der Fassung der Bekanntmachung v. 18.5.2006 (BGBl. I S. 1206, 1313), das zuletzt durch Art. 2 Abs. 20 des Gesetzes v. 20.12.2022 (BGBl. I S. 2752) geändert worden ist.

[2] Zu Phylogenese, Taxonomie und Physiologie *P. Boyle/P. Rodhouse*, Cephalopods: Ecology and Fisheries, 2005, S. 7 ff., 36 ff.; *M. K. Nishiguchi/R. H. Mapes*, Cephalopoda, in: W. Ponder (Hrsg.), Phylogeny and Evolution of the Mollusca, 2008, S. 163 ff.; *W. F. Ponder/D. R. Lindberg/J. M. Ponder*, Biology and Evolution of the Mollusca, Vol. 2, 2020, S. 195 ff.; *L. von Salvini-Plawen*, Mollusca, in: W. Westheide/G. Rieger (Hrsg.), Spezielle Zoologie, Teil 1: Einzeller und Wirbellose Tiere, 3. Aufl. (2013), S. 293 (345 ff.). Zur vergleichenden Verhaltensforschung der verschiedenen Cephalopoden-Arten *J. A. Mather/J. S. Alupay*, An Ethogram for Benthic Octopods (Cephalopoda: Octopodidae), Journal of Comparative Psychology 130 (2016), S. 109 ff. Vgl. für eine Bestandaufnahme der Cephalopoden der Adria *E. Ciavaglia/C. Manfredi*, Distribution and some biological aspects of cephalopods in the North and Central Adriatic, Bollettino malacologico 45 (2009), Supplement, S. 61 ff.

[3] In der – ohnehin spärlichen – Rechtsprechung zum Tierschutzrecht findet sich kein einziger Fall. Die einzige Erwähnung findet sich eher entlegen in einer steuerrechtlichen Privilegierung von versteinerten Cephalopoden als paläontologische Sammlerstücke: *BFHE* 151, 266 ff. Im ansonsten dominanten (europäischen) Naturschutzrecht gibt es keine Cephalopoden, die unter Artenschutz fallen. Die einzigen Mollusca, die unter Artenschutz zu stellen sind, sind einige Gastropoda (Schnecken), Bivalvia (Muscheln) sowie der Seeigel *Centrostephanus longispinus*. Siehe Anhang IV zur Richtlinie 92/43/EWG des Rates v. 21.5.1992 zur Erhaltung der natürlichen Lebensräume sowie der wildlebenden Tiere und Pflanzen (ABl. L 206, S. 7).

ren abbilden möchte, eignen sich jedoch oftmals Grenzphänomene besonders gut, weil sie Konflikte ausschärfen und dazu zwingen, Probleme aus Perspektiven zu betrachten, die vom routinierten Standard abweichen. Für ein stark bewegliches System wie die Wissenschaft sind Normalitätsannahmen besonders riskant, weil das normalisierte Wissen rasch überholt sein kann. So hat auch die Forschung mit Invertebraten (Wirbellosen) in den letzten Dekaden mit neuem Wissen immer weiter eingeschliffene Prämissen in Frage gestellt und insbesondere zuvor unbekannte neuronale Komplexität zu Tage befördert.[4] Gleichwohl sind Nervensysteme der Invertebraten nicht annähernd so gut erforscht wie die der Vertebraten (Wirbeltiere).[5]

Der Grenzfall ist daher auch für die rechtswissenschaftliche Forschung oftmals der bessere Referenzfall. Cephalopoden sind für das Tierschutzrecht besonders interessant, weil sie einerseits ein hochkomplexes Verhalten zeigen und über ein leistungsfähiges Nervensystem verfügen, andererseits aber in ihrer Neurophysiologie sehr fremd und nur in Ansätzen erforscht sind. Vieles bleibt auf den ersten Blick überraschend, auf den zweiten Blick immer noch rätselhaft.[6] Das hat auch Folgen für die rechtliche Regulierung der Forschung. Die tierschutzrechtlichen Abwägungen sehen sich mit ganz anderen Herausforderungen konfrontiert als Standardmodelle mit traditionellen Vertebraten-Modellorganismen wie Mäusen, Ratten oder Zebrafischen, die millionenfach erprobt sind und auf breite Erfahrung in der Versuchstierkunde verwiesen können.[7] Den normativen Wert von tierexperimenteller Grundlagenforschung, den das Tierschutzrecht abwägend verarbeiten muss, kann man wiederum nur beurteilen, wenn man die Funktion von Modellen und den spezifischen Wert einer Spezies betrachtet, die zur Modellierung herangezogen wird. Das recht-

---

[4] *C. Carere/J. Mather*, Why Invertebrate Welfare?, in: C. Carere/J. Mather (Hrsg.), The Welfare of Invertebrate Animals, 2019, S. 1 (4).

[5] *T. E. Feinberg/J. M. Mallatt*, The Ancient Origins of Consciousness, 2017, S. 173.

[6] *G. Ponte/C. Chiandetti/G. Fiorito et al.*, Cephalopod Behavior: From Neural Plasticity to Consciousness, Frontiers in Systems Neuroscience 15 (2022), Article 787139, S. 1 (2).

[7] Vgl. nur die standardisierten Referenzwerke zu Mäusen *R. Behringer/M. Gertsenstein/K. Vinterstein Nagy/A. Nagy*, Manipulating the Mouse Embryo: A Laboratory Manual, 4. Aufl. (2013); *H. Hedrich* (Hrsg.), The Laboratory Mouse Gebundene, 2012; *G. Proetzel/M. V. Wiles* (Hrsg.), Mouse Models for Drug Discovery: Methods and Protocols, 2. Aufl. (2018); zu Ratten *R. L. Maynard/N. Downe*, Anatomy and Histology of the Laboratory Rat in Toxicology and Biomedical Research, 2019; *M. A. Suckow/F. C. Hankenson/R. P. Wilson/P. L. Foley* (Hrsg.), The Laboratory Rat, 3. Aufl. (2019); zu Zebrafischen *S. Cartner/J. S. Eisen/S. F. Farmer/K. J. Guillemin/M. L. Kent/G. E. Sanders* (Hrsg.), The Zebrafish in Biomedical Research: Biology, Husbandry, Diseases, and Research Applications, 2019; *K. Kawakami/E. E. Patton/M. Orger* (Hrsg.), Zebrafish: Methods and Protocols, 2018.

liche Setting und seine Binnenrationalität macht Forschung hier zu einer rechtsepistemischen Herausforderung, ein zureichendes interdisziplinäres Grundverständnis aufzubauen. Traditionellerweise orientiert sich die Auswahl von Referenzgebieten im Recht an der rechtsnormativen Strukturierung im besonderen Verwaltungsrecht.[8] Eine kognitiv offene Wissenschaft, die auch die Rechtsanwenderperspektive einbezieht, wie Entscheidungen entstehen und wirken,[9] und sich daher mit den Kontexten von Recht befassen muss, kommt nicht umhin, auch geeignete Referenzgebiete auf der Tatsachenseite auszuwählen („Realbereichsanalyse“[10]), um Sachprobleme zu veranschaulichen, die rechtliche Strukturen zu bewältigen haben. Im Wissenschaftsrecht bedeutet das vor allem, sich auf die epistemischen Strukturen anderer Fächer einzulassen.

Ich habe am 28. März 2023 ein Gespräch mit Professor Dr. *Gilles Laurent*, Dr. *Antje Berken* und Dr. *Emily Northrup* vom Max-Planck-Institut für Gehirnforschung in Frankfurt am Main über die Forschungsansätze, Herausforderungen und Erfahrungen mit Cephalopoden im Tierversuch geführt. An dieser Einrichtung findet zahlenmäßig die größte Forschung mit Cephalopoden in Deutschland statt. Die hieraus gewonnenen qualitativen Erkenntnisse (im Sinne einer vertikal integrierten Fallstudie) sind in die vorliegende Untersuchung eingegangen und an entsprechenden Stellen zitiert.

---

[8] *E. Schmidt-Aßmann*, Das allgemeine Verwaltungsrecht als Ordnungsidee, 2. Aufl. (2004), S. 8, 112 ff.; *A. Voßkuhle*, Neue Verwaltungsrechtswissenschaft, in: ders./M. Eifert/C. Möllers (Hrsg.), Grundlagen des Verwaltungsrechts, Bd. I, 3. Aufl. (2022), § 1 Rn. 43 ff.

[9] *C. Bickenbach*, Die Einschätzungsprärogative des Gesetzgebers, 2014, S. 163 f.; *C. Bumke*, Rechtsdogmatik, 2017, S. 103 f.; *M. Eifert*, Das Verwaltungsrecht zwischen klassischem dogmatischen Verständnis und steuerungswissenschaftlichem Anspruch, VVDStRL 67 (2008), S. 286 (292, 295 ff.); *W. Hoffmann-Riem*, Methoden einer anwendungsorientierten Verwaltungsrechtswissenschaft, in: E. Schmidt-Aßmann/W. Hoffmann-Riem (Hrsg.), Methoden der Verwaltungsrechtswissenschaft, 2004, S. 9 (20 ff.); *E. Schmidt-Aßmann*, Verwaltungsrechtliche Dogmatik, 2013, S. 14 ff.; *T. Siegel*, Entscheidungsfindung im Verwaltungsverbund, 2009, S. 25; *Voßkuhle* (Fn. 8), § 1 Rn. 15. Ideengeschichte nachgezeichnet bei *J. F. Schaefer*, Die Umgestaltung des Verwaltungsrechts, 2016, S. 133 ff.

[10] *Voßkuhle* (Fn. 8), § 1 Rn. 29 f.

## II. Tiermodelle in den Life Sciences

Modellierungen sind ein unverzichtbares epistemisches Vorgehen in den Life Sciences, weil sie Abstraktionen ermöglichen, die wiederum Voraussetzung einer allgemeineren Theoriebildung sind.[11] Das Modell ist daher vor allem eine funktional aufgefächerte Denkkategorie der Grundlagenforschung.[12] Gerade Tiermodelle sind aus den – angewandten wie grundlagenorientierten – Lebenswissenschaften kaum wegzudenken. Eine jüngere Bestandaufnahme schätzte, dass 70 Prozent der geförderten biomedizinischen Forschung Tierversuche verwende,[13] und stellte fest, dass 95 Prozent aller für Physiologie/Medizin vergebenen Nobelpreise auf Forschungsergebnissen beruhten, die auch tierexperimentelle Methoden eingesetzt hatten.[14]

Anwendungsbezogene Forschung steht stets auf den Schultern von Riesen, nämlich einer beharrlichen, intrinsisch motivierten, filigranen und oftmals langwierigen Grundlagenforschung, die erst nach und nach ein solides Fundament schafft, auf dem dann die Leuchttürmchen populärer Anwendungen gebaut werden können.[15] Geht es nicht um originär zoologische Erkenntnisinteressen an einer spezifischen Art, sondern um die Gewinnung biowissenschaftlichen Grundlagenverständnisses – etwa evolutionsbiologischer, pathologischer, entwicklungsbiologischer, biochemischer, molekularbiologischer oder neurowissenschaftlicher Provenienz –, wird mit einer Tierart letztlich als repräsentatives Modell experimentell

---

[11] *M. D. Laubichler/G. B. Müller*, Models in Theoretical Biology, in: dies. (Hrsg.), Modeling Biology, 2007, S. 3 (9).

[12] Vgl. *S. Leonelli*, What is in a Model?, Combining Theoretical and Material Models to Develop Intelligible Theories, in: M. D. Laubichler/G. B. Müller (Hrsg.), Modeling Biology, 2007, S. 15 (28 ff.).

[13] Zu den Zahlen und Themenfeldern eingehend *B. Bert/A. Dörendahl/G. Schönfelder et al.*, Rethinking 3R strategies: Digging deeper into AnimalTestInfo promotes transparency in in vivo biomedical research, PLoS Biology 15 (2017), Nr. 12, Article e2003217, S. 1 ff.

[14] *Enqi Liu/Jianglin Fan*, Laboratory Animals and Biomedical Research, in: Enqi Liu/Jianglin Fan (Hrsg.), Fundamentals of Laboratory Animal Sciences, 2020, S. 1 (7).

[15] *K. F. Gärditz*, Hoflieferanten, 2023, S. 17. Das krude Klischee, Grundlagenforschung mit Tierversuchen sei letztlich gesellschaftlich nutzlos, ist bereits alt. Vgl. aus der Defensive hiergegen bereits *W. Kobinger*, Von der Maus zum Menschen, in: F. Lembeck (Hrsg.), Alternativen zum Tierversuch, 1988, S. 35 (38).

geforscht. Für das Tierversuchsrecht sind Modelle auch deshalb besonders herausfordernd, weil sie – wie zu zeigen sein wird[16] – hohen Begründungsaufwand verursachen, der wiederum rechtsnormativ-bürokratisch radiziert ist. Auch deshalb lohnt es sich aus rechtswissenschaftlicher Sicht, zunächst einmal die Kategorie des Modellorganismus etwas näher zu betrachten.

## *1. Modellorganismen*

Modellorganismen kommt in den Lebenswissenschaften eine kaum zu überschätzende Bedeutung zu.[17] Modellorganismen sind – ungeachtet begrifflicher Unschärfen[18] – nichtmenschliche Arten, die stellvertretend umfassend untersucht werden, um biologische Zusammenhänge in der Erwartung zu verstehen, dass sich Erkenntnisse abstrahiert auch auf andere Spezies übertragen lassen oder jedenfalls Rückschlüsse auf deren Biologie ermöglichen.[19] An die Stelle der Punktperspektive des einzelnen Experiments tritt eine holistische Perspektive auf eine Spezies, die Verständnis für Zusammenhänge vermittelt, die dann übergreifend nutzbar zu machen sind. Ein erheblicher Teil des heutigen biologischen Wissens beruht auf dieser Untersuchungstiefe einer vergleichsweise kleinen Zahl an Modellorganismen. Es geht also um eine Form, epistemische Repräsentationsbreite zu schaffen,[20] mithin um indirekte Erkenntnis[21].

Hinzu treten zunehmend auch komparatistische Ansätze, die Modellorganismen nutzen, um Vergleiche zwischen Spezies zu ziehen, die taxonomisch sehr weit voneinander entfernt sind.[22] Modellierung erfolgt hier ggf.

---

[16] Unten VI. 2.

[17] *W. Arthur*, Understanding Evo-Devo, 2021, S. 50.

[18] S. *A. C. Love/Y. Yoshida*, Reflections on Model Organisms in Evolutionary Developmental Biology, in: W. Tworzydlo/S. M. Bilinski (Hrsg.), Evo-Devo: Non-model Species in Cell and Developmental Biology, 2019, S. 3 (11 ff.).

[19] *R. A. Ankery/S. Leonelli*, Model Organisms, 2020, S. 2. Gerade hinsichtlich der Übertragbarkeit wurde mit Recht darauf hingewiesen, dass jeder Organismus einzigartig ist und daher die von „exakten" Naturwissenschaften gewohnten Schritte der Universalisierbarkeit nicht tragen, aber wissenschaftshistorisch immer wieder – durch voreilige Verallgemeinerungen – gezogen worden sind. So *E. Mayr*, Die Entwicklungen der biologischen Gedankenwelt, 1984, S. 682 f. Bewusstsein für die Grenzen von Modellen und für den Eigenwert des Speziellen entsteht hier erst in jüngerer Zeit.

[20] *Ankery/Leonelli* (Fn. 19), S. 6 f.

[21] *M. Weisberg*, Who Is a Modeler?, The British Journal for the Philosophy of Science 58 (2007), S. 207 (209 f.).

[22] *Ankery/Leonelli* (Fn. 19), S. 64 ff. Zur Ergiebigkeit gerade einer Einbeziehung von Cephalopoden in vergleichende Studien siehe *J. Basil/R. Crook*, Evolution of behavioral and neural complexity: learnung and memory in Chambered Nautilus, in: A.-S. Darmaillacq/L. Dickel/J. Mather (Hrsg.), Cephalopod Cognition, 2014, S. 31 (31 f.).

durch Kontrastierung,[23] also durch die (ggf. evolutionsbiologisch aufzuhellende) Aussagekraft konkreter Unterschiede. Das Verständnis, warum etwas bei einer anderen Art *anders* ist, lässt sich mitunter zurückspiegeln und kann so dazu beitragen, besser zu begreifen, warum etwas z. B. beim Menschen so ist, wie es ist.

Modellorganismen können natürlich auch Pflanzen, Pilze oder Bacteria sein.[24] Zur Klärung komplexerer Wirkungszusammenhänge, zumal im Kontext systemischer Beobachtungen oder gar solcher mit translationalem Potential für die Medizin, benötigt man aber in der Regel mehrzellige Tiere (Metazoen). Damit rückt der Tierversuch in das Zentrum der Modellierung, die hierdurch Komplexität von Leben mit einer Feinauflösung darstellen kann, die in der anwendungsorientierten Forschung – erst recht am Menschen mit Blick auf die engen medizinethischen Grenzen – nie erreichbar wäre. Modellorganismen sind zugleich ein Gerüst, standardisierte Methoden der Intervention in biologische Prozesse zu entwickeln,[25] haben also eine spezifische epistemische Funktion. Sie sind die Methodensandkästen, auf denen Instrumente erprobt und verfeinert werden, mit denen jede Forschung (die anwendungsbezogene eingeschlossen) arbeitet.

### *a) Konservierung von Strukturen als Erkenntnischance*

Anders als bei konkreten Modellen für Krankheiten in der Biomedizin[26] ist der Einbezug von Modellorganismen in den Biowissenschaften flexibel

[23] Vgl. auch *I. Ruiz-Trillo*, What are Genomes of Premetazoan Lineages Telling Us About the Origins of Metazoa?, in: K. J. Niklas/*S. A. Newman (Hrsg.), Multicellularity: Origins and Evolution, 2016, S. 171 (172).*

[24] Vgl. *P. A. Adamczyk/J. L. Reed*, Escherichia coli as a model organism for systems metabolic engineering, Current Opinion in Systems Biology 6 (2017), S. 80 ff.; *Z. D. Blount*, The Natural History of Model Organisms: The unexhausted potential of E. coli, eLife 4 (2015), Article e05826, S. 1 ff.; *D. Botstein/S. A. Chervitz/J. M. Cherry*, Yeast as a Model Organism, Published in final edited form as, Science 277 (1997), S. 1259 f.; *U. Krämer*, The Natural History of Model Organisms: Planting molecular functions in an ecological context with Arabidopsis thaliana, eLife 4 (2015), Article e06100, S. 1 ff.; *S. Mohammadi/B. Saberidokht/S. Subramaniam/A. Grama*, Scope and limitations of yeast as a model organism for studying human tissue-specific pathways, BMC Systems Biology 9 (2015), Article 96, S. 1 ff.; *J. Nielsen*, Yeast Systems Biology: Model Organism and Cell Factory, Biotechnology Journal 14 (2019), Article 1800421, S. 1 ff.; *J. J. Russell/J. A. Theriot/A. Brunet et al.*, Non-model model organisms, BMC Biology 15:55 (2017), S. 1 (2 ff.); *D. R. Zeigler*, The Bacillus Genetic Stock Centra/Bacillus subtilis, in: R. L. Jarret/K. McCluskey (Hrsg.), The Biological Ressources of Model Organisms, 2020, S. 35 ff.

[25] *Ankery/Leonelli* (Fn. 19), S. 9.

[26] Vgl. für den dortigen Standardisierungsbedarf nur *J. Hau*, Animal models for human diseases: An overview, in: P. M. Conn (Hrsg.), Source book of models for biomedical research, 2008, S. 3 ff.; *K. Fitzgerald/P. M. Caroll*, Introduction to Model Systems in

und breit möglich, aber auch unberechenbarer. Modellorganismen exemplifizieren und bleiben in ihrem Deutungsanspruch daher graduell reduziert, weil Abstraktion von Spezifischem natürlich immer epistemischen Grenzen unterliegt; sie sind letztlich aber gerade deshalb von großer Bedeutung, wissenschaftliche Erklärungen dort zu bieten, wo Komplexität den Rückgriff auf einfache Gesetzmäßigkeiten verhindert.[27] Grundannahme ist, dass bestimmte biologische Prozesse allgemein in allen oder jedenfalls den meisten Organismen einer (beim Design der Modellierung adäquat definierten) Gruppe sehr ähnlich sind.[28] Nicht zuletzt die Verfeinerung der Einblicke durch die Methoden der Molekularbiologie hat den Fundus der (teils seit der Kambrischen Explosion) konservierten Gemeinsamkeiten deutlich anwachsen lassen.[29] Man hofft also auf einen hinreichenden

Drug Discovery, in: P. M. Caroll/K. Fitzgerald (Hrsg.), Model Organisms in Drug Discovery 2003, S. 1 (4 f.); *F. Nainu/J. Baptista/A. Faustino-Rocha/P. A. Oliveira*, Editorial: Model organisms in experimental pharmacology and drug discovery 2022, Frontiers in Pharmacology 14 (2023), Nr. 1143934; *E. E. Patton/L. I. Zon/D. M. Langenau*, Zebrafish disease models in drug discovery: from preclinical modelling to clinical trials, Nature Reviews Drug Discovery 20 (2021), S. 611 (611 f.).

[27] *M. S. Morgan*, Afterword: Reflexions on Exemplary Narratives, Cases, and Model Organisms, in: A. N. H. Creager/E. Lunbeck/M. N. Wise (Hrsg.), Science without Laws, 2007, S. 264 (273). Zur Inadäquanz von Modellen, die auf Linearität und Homogenität der Komponenten gründen, extrem heterogen strukturierte biologische Systeme zu erklären, nur *H. Sayama*, Complexity, Development, and Evolution in Morphogenetic Collective Systems, in: G. Y. Georgiev/J. M. Smart/C. L. Flores Martinez/M. E. Pric (Hrsg.), Evolution, Development and Complexity, 2019, S. 293 ff.

[28] *Ankery/Leonelli* (Fn. 19), S. 7.

[29] Auch hier sind in der Regel nur indirekte Beobachtungen möglich, die rezente Taxa vergleichen und Entwicklungen rekonstruieren. Direkter Zugriff auf fossile Bestände von Coleoidea (also Cephalopoden ohne Kalkgehäuse) ist aufgrund der schlechten Fossilisation nur begrenzt möglich und methodisch herausfordernd. Vgl. *B. Ziegler*, Spezielle Paläobiologie: Protisten, Spongien, Coelentarata, Mollusken, 2. Aufl. (1991), S. 307 ff. Aus diesem Grund sind paläobiologische Informationen über die Evolution (anders als bei den Nautiloideen) in deutlich geringerem Umfang vorhanden, namentlich fragmentierter und mit Blick auf die Feinstrukturen der Weichteile selten. Zu den aber immerhin bestehenden (teilweise auch Feinstrukturen erfassenden) positiven Befunden z. B. *A. J. Kear/D. E. G. Briggs/D. T. Donovan*, Decay and fossilization of non-mineralized tissue in coleoid cephalopods, Palaeontology 38 (1995), S. 105 ff.; *M. Harzhauser*, Filling a Gap – Beaks and Hooks of Cenozoic Coleoids (Cephalopoda), Annalen des Naturhistorischen Museums in Wien. Serie A für Mineralogie und Petrographie, Geologie und Paläontologie, Anthropologie und Prähistorie 101 (1999), S. 123 ff.; *C. Klug/N. H. Landman/R. Hoffmann et al.*, Anatomy and evolution of the first Coleoidea in the Carboniferous, Communications Biology 2 (2019), Article 280, S. 1 ff.; *C. Klug/G. Schweigert/D. Fuchs/K. De Baets*, Distraction sinking and fossilized coleoid predatory behaviour from the German Early Jurassic, Swiss Journal of Palaeontology 140 (2021), Article 7, S. 1 ff.; *A. C. Riccardi*, Callovian and Oxfordian (Jurassic) teuthids (Coleoidea, Cephalopoda) from Chile, Journal of Paleontology 90 (2016), S. 910 ff.; *R. E. Young/M. Vecchione/D. T. Donovan*, The evolution of coleoid cepha-

Grad der Generalisierbarkeit von Erkenntnissen aufgrund der relativen Art-Unspezifität von vielen Genen.[30] Arbeiten mit Modellorganismen machen sich die mitunter stabile Konservierung von bestimmten Proteinen zunutze, die in taxonomisch sehr unterschiedlichen Organismen in einem kleinen und sehr konkreten Funktionskontext auf einer biochemischen Ebene sehr ähnlich operieren.[31] Umso genauer der Fokus eines Versuchs auf die Mechanismen auf molekularer Ebene gerichtet ist – namentlich Genexpression und ihre Steuerung, Proteinfunktionen, Rezeptoren, Signaltransduktion, Biomembranen oder Transporter –, umso eher kann auch Modellorganismen ein abstrakter Erklärungswert über das (zoologische) Interesse an der jeweiligen Art hinaus zugeschrieben werden.

### *b) Geeignete Modellorganismen*

Um ein Modell zu bilden, das möglichst umfassend – und das heißt unter heutigen Forschungsbedingungen: von zahlreichen Forschungsteams mit jeweils anderem Fokus – untersucht werden soll, benötigt man idealerweise möglichst standardisierte Organismen, die einfach und in hinreichender Zahl zur Verfügung stehen. Praktische Voraussetzung, ob eine Art als Modellorganismus taugt, ist nicht nur die funktionale Konservierung eines Gens. Erforderlich ist auch die leichte Haltung unter Laborbedingungen und eine hinreichend rasche Generationenfolge bzw. schnelle Reproduktion.[32]

Hier beginnen die Schwierigkeiten, derentwegen auch die Modellfindung immer ein wertungsabhängiger Kompromiss ist, in dessen Rahmen man dann epistemische Prioritäten setzen und ggf. Abstriche bei Präzision und/oder Generalisierbarkeit hinnehmen muss. Manche Organismen

---

lopods and their present biodiversity and ecology, South African Journal of Marine Science 20 (1998), S. 393 ff.Vgl. zu den Anfängen molekularbiologischer Instrumente *G. A. Wray/J. S. Levington/L. H. Shapiro*, Molecular Evidence for Deep Precambrian Divergences Among Metazoan Phyla, Science 274 (1996), S. 568 ff. Siehe allgemein zum Stand der Paläobiologie der Cephalopoden *C. Klug/L. Bonnaud-Ponticelli/R. Hoffmann et al.*, Cephalopod palaeobiology: evolution and life history of the most intelligent invertebrates, Swiss Journal of Palaeontology 141 (2022), Article 7, S. 1 ff.

[30] *Arthur* (Fn. 17), S. 51.

[31] *E. J. A. Hubbard*, Model Organisms as Powerful Tools, in: A. N. H. Creager/E. Lunbeck/M. N. Wise (Hrsg.), Science without Laws, 2007, S. 59 (60 f.). Beispielsweise die Biosynthese der Proteine, die die Homöostase über die Lipidschichten von Biomembranen regulieren, ist evolutionsbiologisch bei allen Eukaryoten stark konserviert. S. *R. Bauer/A. Voelzmann/M. Hoch et al.*, Schlank, a member of the ceramide synthase family controls growth and body fat in Drosophila, The EMBO Journal 28 (2009), S. 3706 ff.

[32] *Russell/Theriot/Brunet et al.* (Fn. 24), S. 1.

sind zwar funktional interessant für Modelle, lassen sich aber nicht mit hinreichender Geschwindigkeit nachzüchten, um standardisierte Generationenfolgen zu erhalten.[33] Die genetische Variabilität bleibt hoch und reduziert die statistische Aussagekraft von Versuchen. Will man umgekehrt die Entwicklungsperspektive der Evolutionsbiologie nutzbar machen, um bestimmte biologische Phänomene besser zu verstehen, liegt es nahe – so wurde jüngst aus der Perspektive der Neurowissenschaften dargelegt – bei den Modellorganismen stärker zu diversifizieren und auch Arten jenseits der etablierten Labortiere in Versuchen einzusetzen.[34] Die gezielte Erstreckung auf neue und ungewöhnliche Organismen kann Erkenntnisgewinne versprechen, weil diese besonders gut geeignet sein können, grundsätzliche Fragen der Biowissenschaften von allgemeinem Interesse zu klären, wozu sich eine Spezies mitunter gerade aufgrund ihrer Besonderheiten anbieten kann.[35]

Um qualitativ hochwertige Forschungsdaten zu generieren, muss man standardisieren, was es aber wiederum erfordert, das Rauschen durch die genetische Variabilität einer Population gering zu halten.[36] Leichte und schnelle Züchtung unter kontrollierten Bedingungen unterstützt dies. Bisweilen sind es aber auch ganz pragmatische Erwägungen, die einen Modellorganismus machen, etwa in der frühen Entwicklungsbiologie *Gallus gallus*, weil man in ein Hühnerei ein Fenster schneiden kann, um Hühnerembryonen zu beobachten.[37] Nicht immer sind die aus pragmatischen Gründen der Verfügbarkeit gewählten Organismen auch diejenigen, die sich am besten eignen, eine bestimmte biowissenschaftliche Frage zu untersuchen.[38] Das Exemplarische kann die Artspezifität nicht abstreifen und bedingt es, dass es nicht einen Organismus gibt, an dem sich gleichzeitig alle Fragen der Entwicklung, Physiologie oder Biochemie des Lebens veranschaulichen lassen.[39] Idealerweise hat man also ein Setting komplementärer Modellorganismen, die zu einem epistemischen Gesamtbild beitragen.

---

[33] Vgl. für Korallen *E. E. Ball/D. C. Hayward/T. C. L. Bridge/D. J. Miller*, Acropora – The Most-Studied Coral Genus, in: A. Boutet/B. Schierwater (Hrsg.), Handbook of Marine Model Organisms in Experimental Biology: Established and Emerging, 2021, S. 173 (185).

[34] *G. Laurent*, On the value of model diversity in neuroscience, Nature Reviews 21 (2020), S. 395 f.

[35] *Russell/Theriot/Brunet et al.* (Fn. 24), S. 6, 11, 22, 24.

[36] Vgl. *G. D. Ruxton/N. Colegrave*, Experimental Design for the Life Sciences, 4. Aufl. (2016), S. 5 f.; allgemein *S. T. Bate/R. A. Clark*, The Design and Statistical Analysis of Animal Experiments, 2014, S. 18.

[37] *Arthur* (Fn. 17), S. 49.

[38] *Russell/Theriot/Brunet et al.* (Fn. 24), S. 2.

[39] *W. Müller/M. Hassel*, Entwicklungs- und Reproduktionsbiologie, 6. Aufl. (2018), S. 55.

Die Auswahl geeigneter Modellorganismen hängt zunächst davon ab, was erforscht werden soll und welche Anforderungen an eine Art sich hieraus ergeben.[40] Geht es um spezifische zellbiologische Vorgänge auf molekularer Ebene, sind möglichst einfache Organismen geeignet, auch um Komplexität zu reduzieren; mitunter genügen Einzeller. Für komplexere Beobachtungen braucht man höher ausdifferenzierte mehrzellige Organismen. Wenn man es wiederum mit ohnehin schon höchst komplexen Systemen (wie dem Zentralen Nervensysteme [ZNS] oder dem Immunsystem) zu tun hat, mag der Rekurs auf einfacher strukturierte Modellorganismen dazu dienen, bestimmte Fragen überhaupt noch pragmatisch adressieren zu können, ohne sogleich im Rauschen der Überkomplexität unterzugehen. Aus Forschungsfeldern wie den Neurowissenschaften oder der Pharmakologie ist bekannt, dass einerseits die Kenntnis der biochemischen Mikrovorgänge an einzelnen Membranproteinen natürlich nicht die Makroperspektive der Vernetzung eines Nervensystems ersetzen kann,[41] andererseits aber Nervensysteme auch nicht ohne Neurochemie und interzelluläre Prozesse (wie die Genregulation) verstanden werden können.[42] Zahlreiche Prozesse greifen komplex ineinander[43] und ein Systemverständnis wird ohne ein Verständnis der Mechanismen auf molekularer Mikroebene hinter dem System unvollkommen bleiben. Gerade die molekulare Mikroebene ist aber oft evolutionsbiologisch überraschend stark konserviert,[44] auch weil sich die bis heute erhaltenen biochemischen Prozesse und basalen Bausteine der Biomoleküle sehr früh in der Evolutionsgeschichte ausgeformt haben[45].

---

[40] Exemplarisch für Neurowissenschaften *J. Morgensen*, Animal Models in Neuroscience, in: J. Hau/S. J. Schapiro (Hrsg.), Handbook of Laboratory Animal Science, 4. Aufl. (2021), S. 591 (599).

[41] Vgl. *F. Hucho*, Einführung in die Neurochemie, 1982, S. 1 f.

[42] Vgl. exemplarisch aus seiner neuropathologischen Sicht *B. D. Turner/D. T. Kashima/B. A. Grueter et al.*, Synaptic Plasticity in the Nucleus Accumbens: Lessons Learned from Experience, ACS Chemical Neuroscience 9 (2018), S. 2114 (2114).

[43] Vgl. *B. D. Turner/D. T. Kashima/B. A. Grueter et al.*, Synaptic Plasticity in the Nucleus Accumbens: Lessons Learned from Experience, ACS Chemical Neuroscience 9 (2018), S. 2114 (2114).

[44] *P. A. Arguello/J. A. Gogos*, Modeling Madness in Mice: One Piece at a Time, Neuron 52 (2006), S. 179 (185); *T. W. Robbins*, Homology in behavioural pharmacology: an approach to animal models of human cognition, Behavioural Pharmacology 9 (1998), S. 509 (510). So wurde beispielsweise ermittelt, dass von 414 Genen der Hefe, die für enzymatische Kernfunktionen kodieren, 47 Prozent eine vollständige Sequenzhomologie zum Menschen aufweisen. S. *J. Nielsen*, Yeast Systems Biology: Model Organism and Cell Factory, Biotechnology Journal 14 (2019), Nr. 1800421, S. 1 (2).

[45] *M. W. Kirschner/J. C. Gerhart*, The Plausibility of Life, 2005, S. 47.

## c) *Invertebraten als Modelle*

Die biologische und biomedizinische Forschung hat sich immer wieder auch ferner Taxa außerhalb der Wirbeltiere als Modellorganismen bedient, etwa (um nur einige Bespiele aus dem Bereich der Invertebraten zu nennen): Nematoden[46]; Meeresschwämme[47]; Fruchtfliegen[48]; Quallen[49]; Seeigel[50].[51]

---

[46] Vgl. *C. Borghgraef/P. Van de Walle/I. Beets*, Neuroendocrinal Regulation of the Genetic Model C. elegens, M. Ludwig/G. Levkowitz (Hrsg.), Model Animals in Neuroendocrinology: From Worm to Mouse to Man, 2018, S. 1 ff.; *A. L. Daul/E. C. Andersen/A. E. Rogvie*, The Caenorhabditis Genetics Centre (CGC) and the Caenorhabditis elegans Natural Diversity Resource, in: R. L. Jarret/K. McCluskey (Hrsg.), The Biological Ressources of Model Organisms, 2020, S. 69 ff.; *A. L. Gaeta/K. A. Caldwell/G. A. Caldwell*, Found in Translation: The Utility of C. elegans Alpha-Synuclein Models of Parkinson's Disease, Brain Sciences 9 (2019), Article 73; *C. Kenyon*, The first long-lived mutants: discovery of the insulin/IGF-1 pathway for ageing, Philosophical Transactions of the Royal Society of London, Series B: Biological Sciences 366 (2011), S. 9 ff.; *A. Kumar/M. Khan*, Caenorhabditis elegans as Pathogenesis Model to Understand Bacterial Virulence, in: B. Siddhardha/M. Dyavaiah/A. Syed (Hrsg.), Model Organisms for Microbial Pathogenesis, Biofilm Formation and Antimicrobial Drug Discovery, 2020, S. 413 ff.; *R. Mahesh/K. Suchiang*, Caenorhabditis elegans: A Model Organism to Decipher Biological Activities of Nanoparticles, in: B. Siddhardha/M. Dyavaiah/K. Kasinathan (Hrsg.), Model Organisms to Study Biological Activities and Toxicity of Nanoparticles, 2020, S. 139 ff.; *R. J. Walker/L. Holden-Dye/V. O'Connor/J. Dillon/K. Dudkiewicz/F. Calahorro*, Nematode Pharmacology: Neurotransmitters, Receptors, and Experimental Approaches, in: I. Glazer/D. I. Shapiro-llan/P. W. Sternberg (Hrsg.), Nematodes As Model Organisms, 2022, S. 127 ff.

[47] Vgl. *X. Fernàndez-Busquets*, The Sponge as a Model of Cellular Recognition, in: P. M. Conn (Hrsg.), Source book of models for biomedical research, 2008, S. 75 ff.; *E. Renard/C. Rocher/A. Ereskovsky/C. Borchiellini*, The Homoscleromorph Sponge, Oscarella lobularis, in: A. Boutet/B. Schierwater (Hrsg.), Handbook of Marine Model Organisms in Experimental Biology: Established and Emerging, 2021, S. 79 (89 ff.).

[48] Vgl. *J. T. A. Dow/K. A. Halberg/S. Terhzaz/S. A. Davies et al.*, Drosophila as a Model for Neuroendocrine Control of Renal Homeostasis, in: M. Ludwig/G. Levkowitz (Hrsg.), Model Animals in Neuroendocrinology: From Worm to Mouse to Man, 2018, S. 81 ff.; *B. Patra/P. Ghosh/S. P. Das*, Drosophila melanogaster: A Model Organism to Understand Biological Activities of Nanoparticles, in: B. Siddhardha/M. Dyavaiah/K. Kasinathan (Hrsg.), Model Organisms to Study Biological Activities and Toxicity of Nanoparticles, 2020, S. 195 ff.; *D. Shepherd/A. Mudher/T. Newman*, Modelling neurodegenerative diseases in Drosophila, in: A. Mudher/T. Newman (Hrsg.), Drosophila: A Toolbox for the Study of Neurodegenerative Disease, 2008, S. 1 ff.

[49] Vgl. *S. Peron/E. Houliston/L. Leclère*, The Marine Jellyfish Model, Clytia hemisphaerica, in: A. Boutet/B. Schierwater (Hrsg.), Handbook of Marine Model Organisms in Experimental Biology: Established and Emerging, 2021, S. 129 ff.

[50] *T. Kominami/H. Takata*, Sea Urchin Embryo: A Model System for Analyzing Cellular Activities During Early Development, in: P. M. Conn (Hrsg.), Source book of models for biomedical research, 2008, S. 85 ff.; *F. Pontheaux/F. Roch/J. Morales/P. Cormier*, Echinoderms, in: A. Boutet/B. Schierwater (Hrsg.), Handbook of Marine Model Organisms in Experimental Biology: Established and Emerging, 2021, S. 307 (310 ff.).

[51] Allgemein zu Invertebraten *S. E. Wilson-Sanders*, Invertebrate Models for Biomedical Research, Testing, and Education, Institute for Laboratory Animal Research

Gerade *Drosophila melanogaster* und *Caenorhabditis elegans* gehören zu den wichtigsten Modellorganismen der zeitgenössischen Biowissenschaften. *Eric Kandel* hatte durch seine Forschungen seit den 1960er Jahren[52] an der Meeresschnecke *Aplysia californica* (Kalifornischer Seehase) als Modellorganismus demonstriert, wie sich plastisches Gedächtnis durch Reorganisation neuronaler Verknüpfungen bildet. Für die bis heute bahnbrechenden Erfolge[53] erhielt er 2000 den Nobelpreis. *Kandel* blieb *Aplysia* als Modellorganismus sein Forschungsleben lang treu.[54] Etwa für das Verständnis spannungsabhängiger Ionenkanäle war das Modell von grundlegender Bedeutung.[55] Ohne dieses Grundlagenwissen gäbe es z. B. keine moderne Neurologie.

Vereinzelt werden auch Invertebraten sogar als Modellorganismen zur Erklärung menschlicher Krankheiten genutzt.[56] Letztlich kommt es darauf an, wie stark bestimmte Zellstrukturen, Targets für Pharmaka, Proteine (jedenfalls in ihren aktiven Zentren) oder Mechanismen der Genexpression evolutionsbiologisch konserviert sind.

---

Journal 52 (2011), S. 126 ff. Vgl. zudem das breite Spektrum der eher unkonventionellen Arten, die als Versuchstiere dienen, bei *D. P. O'Rourke/C. L. Baccanale/M. K. Stoskopf*, Nontraditional Laboratory Animal Species (Cephalopods, Fish, Amphibians, Reptiles, and Birds), Institute for Laboratory Animal Research Journal 59 (2018), S. 168 ff.

[52] Ausgangspunkt *T. Carew/V. Castellucci/E. Kandel*, An analysis of dishabituation and sensitization of the gill-withdrawal reflex in Aplysia, International Journal of Neurosciece 2 (1971), S. 79 ff. Siehe zum Stand der Forschung *D. L. Glanzman*, Synaptic Mechanisms of Induction and Maintenance of Long-Term Sensitization Memory in Aplysia, in: R. Menzel/P. R. Benjamin (Hrsg.), Invertebrate Learning and Memory, 2013, S. 206 ff.

[53] Würdigung etwa bei *M. Robertson/G. Walter*, Eric Kandel and Aplysia californica: their role in the elucidation of mechanisms of memory and the study of psychotherapy, Acta Neuropsychiatrica 22 (2010), S. 195.

[54] *I. Antonov/I. Antonova/E. R. Kandel/R. D. Hawkins*, The contribution of activity-dependent synaptic plasticity to classical conditioning in Aplysia, Journal of Neuroscience 21 (2001), S. 6413 ff.; *dies.*, Activity-dependent presynaptic facilitation and hebbian LTP are both required and interact during classical conditioning in Aplysia, Neuron 37 (2003), S. 135 ff.; *E. R. Kandel*, The Molecular Biology of Memory Storage: A Dialog Between Genes and Synapses, Bioscience Reports 24 (2004), S. 475 ff.

[55] *T. Shomrat/A. L. Turchetti-Maia/N. Stern-Mentch/J. A. Basil/B. Hochner*, The vertical lobe of cephalopods: an attractive brain structure for understanding the evolution of advanced learning and memory systems, Journal of Comparative Physiology A 201 (2015), S. 947 (948).

[56] *M. Newman/D. Kretzschmar/I. Khan et al.*, Animal Models of Alzheimer Disease, in: P. M. Conn (Hrsg.), Animal Models for the Study of Human Disease, 2. Aufl. (2017), S. 1031 (1032 ff.).

*d) Holistische Perspektive*

Anders als ein normaler experimenteller Organismus, der dazu dient, ein sehr spezifisches Phänomen aus einer Punktperspektive heraus zu untersuchen, eröffnen Modellorganismen aufgrund der in der Repräsentation angelegten Forschungsbreite[57] und Intensität eine holistische Perspektive, die z. B. vernetzte Strukturen bzw. Regulationen und Verhalten integrieren kann.[58] Im Idealfall ermöglichen Modellorganismen epistemische Komplexitätsreduktion, indem aus einer Spezies eine Linie spezifisch für Laborbedingungen gezüchtet und insoweit über Generationen von den Genaustauschprozessen in der Umwelt abgeschirmt wird,[59] um Varianz zwar nicht zu eliminieren, aber doch unter Laborbedingungen kontrollierbar zu halten.[60]

Modellorganismen erfordern damit zugleich eine soziale Vernetzungsperspektive: Übergreifende Gesamtbetrachtungen, die auf ein Modell rekurrieren, sind nur zu leisten, wenn eine hinreichend große Zahl an Wissenschaftlerinnen und Wissenschaftlern mit unterschiedlichen Teilansätzen auf Organismen einer – in der Regel durch Züchtung standardisierten – Laborspezies rekurriert. Die notwendige Größe der Gruppe, die ein Modell als plausibel akzeptieren muss, hängt natürlich von Forschungsinteresse und Forschungsgegenstand bzw. Methoden ab, setzt aber jedenfalls einen hinreichend breiten Konsens in der einschlägigen Fachgemeinde über die Plausibilität eines Modells voraus.[61] Damit verweist der Begriff des Modellorganismus letztlich auf soziale Konstruktionsleistungen einer wissenschaftlichen Community, die von Bewertungen abhängt, auf welche Funktionen, Ziele und Erkenntnisinteressen man sich unter welchen Bedingungen verständigen kann. Es geht also auch um eine institutionelle Rechtfertigung von Praktiken.[62] Das Arbeiten mit Modellorganismen hat natürlich immer auch blinde Flecken. Namentlich ökologische Fragen, die auf artspezifische Wirkungen angelegt sind, lassen sich mit traditionellen Modellen nur sehr begrenzt erfassen.[63]

[57] Vgl. zur Abstraktion *Weisberg* (Fn. 21), S. 230.

[58] *Ankery/Leonelli* (Fn. 19), S. 9.

[59] *Ankery/Leonelli* (Fn. 19), S. 17.

[60] *Ankery/Leonelli* (Fn. 19), S. 22 f.

[61] *Ankery/Leonelli* (Fn. 19), S. 53.

[62] Deutlich *Ankery/Leonelli* (Fn. 19), S. 62 f.

[63] *A. Gouveneaux/A. Minet/C. Bellanger et al.*, Cuttlefish color change as an emerging proxy for ecotoxicology, Frontiers in Physiology 14 (2023), Nr. 1162709, S. 1 (1).

## 2. *Evolutionäre Entwicklungsbiologie*

Ein anderer Ansatz, vergleichende Erkenntnisgewinne zu erzielen, ist der der Evolutionären Entwicklungsbiologie („Evo-Devo“[64]). Das traditionelle Arbeiten mit Modellorganismen konzentriert sich auf wenige, leicht verfügbare Spezies, deren holistische Erforschung einen möglichst hohen Grad der Feinauflösung erreicht. Die Evolutionäre Entwicklungsbiologie bedient sich hingegen einer evolutionsbiologischen Erklärungsmatrix. Abweichend von der traditionellen Evolutionsbiologie wird der Fokus aber auf entwicklungsbiologische *molecular toolkits*[65] gerichtet, also auf stabile, hoch konservierte Module im Genom, die schon früh in der Evolution angelegt waren und daher auch als kompakte Bausteine für komplex gestaffelte Genexpression erhalten sind. Evolutionär-ökologische Makro- und entwicklungsbiologische Mikroperspektive werden verschränkt.[66] Der modulare Aufbau von Organismen[67], den die Evolutionäre Entwick-

---

[64] Konzeptionell im Überblick *M. J. Barresi/S. F. Gilbert*, Developmental Biology, 12. Aufl. (2020), S. 643 ff.; *G. B. Müller*, Evo-devo as a discipline, in: A. Minelli/G. Fusco (Hrsg.), Evolving Pathways: Key Themes in Evolutionary Developmental Biology, 2008, S. 5 (8 ff.).

[65] Dazu *Arthur* (Fn. 17), S. 70, 134 f.; *M. Friedrich*, Evo-Devo gene toolkit update: at least seven Pax transcription factor subfamilies in the last common ancestor of bilaterian animals, Evolution & Development 17 (2005), S. 255 (255); *Müller/Hassel* (Fn. 39), S. 604 ff.; *S. A. Newman*, The Developmental Genetic Toolkit and the Molecular Homology – Analogy Paradox, Biological Theory 1 (2006), S. 12 ff.; *C. C. Rittschof/G. E. Robinson*, Behavioral Genetic Toolkits: Toward the Evolutionary Origins of Complex Phenotypes, Current Topics in Developmental Biology 119 (2016), S. 157 ff.

[66] Vgl. *Barresi/Gilbert* (Fn. 64), S. 643; *P. M. Brakefield*, Prospects of linking pattern and process in the evolution of morphospace, in: in: A. Minelli/G. Fusco (Hrsg.), Evolving Pathways: Key Themes in Evolutionary Developmental Biology, 2008, S. 62 ff.; *H. Zauner/R. J. Sommer*, Evolution and development: towards an synthesis of macro- and micro-evolution with ecology, in: A. Minelli/G. Fusco (Hrsg.), Evolving Pathways: Key Themes in Evolutionary Developmental Biology, 2008, S. 160 ff.

[67] Anschaulich *K. Munk et al.*, Zoologie, 2011, S. 352: „Die Evolution der Entwicklungsprozesse innerhalb der Metazoen scheint von einer Art Flickschusterei unter Verwendung bereits vorhandener Bausteine geprägt zu sein. Vornehmer formuliert: Die Embryonalentwicklung basiert auf einer begrenzten Anzahl von hoch konservierten modularen Abläufen, deren unterschiedliche Kombination, zeitliche Abstimmung und Vernetzung letztlich zu so verschiedenen Organismen wie Fliegen, Fröschen oder Seeigeln führt“. S. namentlich zu den Homöobox Genen *D. E. K. Ferrier*, Introduction to Hox Modules in Evolution and Development, in: D. E. K. Ferrier (Hreg.), Hox Modules in Evolution and Development, 2023, S. 1 ff.; 344 ff.; konkret für Mollusca *T. Wollesen/A. Wanninger*, Hox Genes in Mollusca, in: D. E. K. Ferrier (Hrsg.), Hox Modules in Evolution and Development, 2023, S. 177 ff. Auch hier gibt es natürlich offene Fragen und empirisch nicht belegte Hypothesen. Vgl. zum Meinungsstand nur *R. N. Brandon*, Evolutionary Modules: Conceptual Analysis and Empirical Hypotheses, in: W. Callebaut/D. Rasskin-Gutmann (Hrsg.), Modularity: Understanding the Development and Evolution of Natural Complex Systems, 2005, S. 51 ff.

lungsbiologie in den Blick nimmt[68] und der die Evolution von Leben in vergleichsweise kurzer Zeit als Recycling von genetisch erworbenen Kernprozessen plausibel machen soll,[69] erleichtert artübergreifende Vergleiche.[70] Evo-Devo rationalisiert insoweit Fremdheit durch evolutionsbiologische Genauigkeit.[71]

Dass Ontogenie und Phylogenie irgendwie zusammenhängen, ist bekanntlich nicht neu,[72] obgleich die konkreten Mechanismen lange Zeit opak geblieben waren. Molekularbiologische Methoden haben dem Ganzen aber neue wissenschaftliche Potentiale verschafft.

„Im Gegensatz zur klassischen Entwicklungsbiologie mit ihren wenigen, dafür aber besonders gut charakterisierten Modellorganismen analysiert die Evo-Devo-Biologie [...] in großer Breite rezente Taxa und Arten", in Sonderheit das entwicklungsrelevante Proteom.[73] „Funktionell hoch konservierte Genprodukte sind in der Regel in hoch konservierten molekularen Regulationsmechanismen eingebunden und steuern die Bildung ähnlicher Strukturen".[74]

Das meint: Es entstehen evolutionsbiologische Homologien.[75] Funktionale Homologie von Geweben oder Organen setzt nicht zwingend homologe Gene voraus,[76] Phänotyp und Genotyp sind also nicht konvertibel. Bisweilen kommt es evolutiv durch Umweltbedingungen zudem zu Konvergenzen, die – als Analogien – bestimmte biologische Funktionen auf unterschiedlichen Wegen sichern.[77] Homologien und Analogien können auch

---

[68] Vgl. *Barresi/Gilbert* (Fn. 64), S. 644; *M. Neukamm*, Evolutionäre Entwicklungsbiologie, Laborjournal 11/2009, S. 24 (25).

[69] *Kirschner/Gerhart* (Fn. 45), S. 242 f., 244 ff.

[70] Dass dies vielleicht mit holzschnittartigen Übervereinfachungen einhergeht, wurde durchaus kritisch bemerkt. Vgl. *W. Callebaut*, The Ubiquity of Modularity, in: W. Callebaut/D. Rasskin-Gutmann (Hrsg.), Modularity: Understanding the Development and Evolution of Natural Complex Systems, 2005, S. 3 (13, 21).

[71] Vgl. *C. E. O'Brien/K. Roumbedakis/I. E. Winkelmann*, The Current State of Cephalopod Science and Perspectives on the Most Critical Challenges Ahead From Three Early-Career Researchers, Frontiers in Physiology 9 (2018), Article 700, S. 1 (12 f.).

[72] Zur historischen Verflechtung der Evolutionstheorie mit der Embryologie im Überblick *Müller* (Fn. 64), S. 5 ff. Lange Zeit als Leitsatz akzeptiert, aber zunehmend als in dieser Verallgemeinerung nicht tragfähig erwiesen hat sich die von *Ernst Haeckel* geprägte Großformel („Rekapitulationstheorie"), die Ontogenese würde die Phylogenese rekapitulieren (*E. Haeckel*, Generelle Morphologie, Bd. 1: Allgemeine Anatomie, 1866, S. 300).

[73] *Müller/Hassel* (Fn. 39), S. 597.

[74] *Müller/Hassel* (Fn. 39), S. 597.

[75] Zum Konzept *U. Kutschera*, Evolutionsbiologie, 4. Aufl. (2015), S. 46; *A. Minelli*, Forms of Becoming, 2009, S. 119 f.; *V. Storch/U. Welsch/M. Wink*, Evolutionsbiologie, 3. Aufl. (2013), S. 66 ff.; *M. J. West-Eberhard*, Developmental Plasticity and Evolution, 2003, S. 485 ff.

[76] *Müller/Hassel* (Fn. 39), S. 599.

[77] *Müller/Hassel* (Fn. 39), S. 597.

in Tiermodellen genutzt werden,[78] sind also eine bekannte Denkkategorie, die hier aber auf die Metaebene der Evolutionsbiologie gehoben wird. Mitunter sind gerade die Unterschiede zwischen Homologie und Analogie gradueller Art, wenn nach dem Baukastenmodell einzelne evolutionär ausdifferenzierte Elemente wiederverwendet werden. Cephalopoden haben beispielsweise Linsenaugen mit homologer Funktion und partieller genetischer Homologie[79], die sich aber biochemisch und in den anatomischen Details von Augen der Vertebraten teils deutlich unterscheiden.[80] Auch der verbleibende heuristische Wert von – mitunter komplexitätsreduzierten – Entwicklungstypen ist nicht zu unterschätzen.[81] Wissenschaftliche Denkmodelle brauchen Heuristik, gerade die Wissenschaftsgeschichte der Evolutionsbiologie dürfte dies eindrucksvoll gezeigt haben.

Die evolutionäre Perspektive auf die Entwicklungsbiologie kann dazu beitragen, vergleichend die Entstehung von Organen, Geweben und Funktionen zu erklären, indem molekularbiologische Methoden der Entwicklungsbiologie und die – systematische Gesamtdeutungen zulassende – Perspektive evolutionärer Ausdifferenzierung miteinander verkoppelt werden.[82] Zugleich geht Evo-Devo durch die originär evolutionsbiologischen Erkenntnisinteressen typischerweise über den traditionellen Einsatz von Modellorganismen hinaus, die jedenfalls auch mit Blick auf medizinische Erkenntnisse nach konservierten Strukturen suchen, die wiederum humanbiologisch relevant sein können.[83]

Auch Evo-Devo-Vergleiche brauchen freilich – jedenfalls ab einer hinreichenden Auflösung – Modellorganismen.[84] Die Forschung kann

---

[78] *T. W. Robbins*, Homology in behavioural pharmacology: an approach to animal models of human cognition, Behavioural Pharmacology 9 (1998), S. 509ff. Zur epistemischen Struktur *K. Dunbar/I. Blanchette*, The in vivo/in vitro approach to cognition: the case of analogy, Trends in Cognitive Sciences 5 (2001), S. 334ff.

[79] *Arthur* (Fn. 17), S. 136.

[80] *Kirschner/Gerhart* (Fn. 45), S. 240f.; *Müller/Hassel* (Fn. 39), S. 600. Der Riesenkalmar *Architheutis dux* hat mit bis zu 200 mm Durchmesser die größten Augen im gesamten Tierreich, vgl. *M. Nixon/J. Z. Young*, The Brains and the Lives of Cephalopods, 2003, S. 14.

[81] *R. E. Jenner*, Evo-devo's identity: from model organisms to developmental traits, in: A. Minelli/G. Fusco (Hrsg.), Evolving Pathways: Key Themes in Evolutionary Developmental Biology, 2008, S. 100 (113).

[82] *Love/Yoshida* (Fn. 18), S. 3f. Exemplarisch zur Verschränkung von neuronaler Entwicklungsbiologie, Epigenetik und Evolutionsbiologie *P. F. Ferrari/A. Tramacere/E. A. Simpson/A. Iriki*, Mirror neurons through the lens of epigenetics, Trends in Cognitive Sciences September 17 (2013), S. 450 (454ff.).

[83] *A. C. Tzika/M. C. Milincovitch*, A pragmatic approach for selecting evo-devo model species in amniotes, in: A. Minelli/G. Fusco (Hrsg.), Evolving Pathways: Key Themes in Evolutionary Developmental Biology, 2008, S. 123 (124).

[84] *Love/Yoshida* (Fn. 18), S. 4 und S. 17: „Answering central questions in evo-devo requires both intensive experimental examination of developmental mechanisms in se-

aus praktischen Gründen nicht zugleich die gesamte Breite der rezenten (und ggf. extinkten) Arten bei zugleich hoher Feinauflösung des Beobachtungsmodus untersuchen. Modellorganismen, die Erkenntnisinteressen der Evolutionären Entwicklungsbiologie dienen sollen, müssen aber anders ausgewählt werden, weil sie weniger – letztlich meist auf humanen Vergleich oder Translation gerichtete – Standards setzen als vielmehr vorrangig evolutionäre Schlüsselfunktionen befriedigend erklären sollen.

---

lected species – a common strategy in developmental biology – and phylogenetic comparison of different species within and across taxa – a common strategy in evolutionary biology. We have argued that model organisms in evo-devo instantiate a distinctive synthesis of these two strategies. Evo-devo model organisms are experimentally tractable species that serve as either exemplars or surrogates. The results acquired through their study are generalized or extrapolated to a larger group or a particular species, to which other species are compared in order to solve evolutionary problems". Ferner *Tzika/Milincovitch* (Fn. 83), S. 125ff. Dies ist freilich umstritten und wird – mit Blick auf das konzeptionelle Endziel von Evo-Devo – auch kritisiert. Vgl. *Jenner* (Fn. 81), S. 114f.

## III. Cephalopoden und tierexperimentelles Interesse

Forschung mit Cephalopoden erscheint auf den ersten Blick als ein biowissenschaftliches Peripherieproblem. Natürlich gibt es neben der Forschung im Tierversuch auch traditionelle zoologische bzw. evolutionsbiologische Interessen, die vorliegend nicht Untersuchungsgegenstand sind.[85] Nachfolgend soll der Fokus auf Tierversuche im Labor gelegt werden, für die spezifische rechtliche Anforderungen gelten. Dass diese Tierversuche trotz geringer Quantität für die Biowissenschaften nicht bedeutungslos sind,

---

85 Neurowissenschaft lässt sich z. B. mit artspezifischen Interessen der Verhaltensbiologie verschränken. Vgl. *R. Villanueva1/V. Perricone/G. Fiorito*, Cephalopods as Predators: A Short Journey among Behavioral Flexibilities, Adaptions, and Feeding Habits, Frontiers in Physiology 8 (2017), Article 598, S. 1 ff. Auch die allgemeine Anatomie, Physiologie, Ökologie und Verhaltensbiologie wirft aufgrund der Komplexität der Cephalopoden bisweilen noch ungeklärte Fragen auf. S. exemplarisch *A. Di Cosmo/G. Polese*, Neuroendocrine –Immune Systems Response to Environmental Stressors in the Cephalopod Octopus vulgaris, Frontiers in Physiology 7 (2016), Article 434, S. 1 ff.; *F. D. Hanke/A. Kelber*, The Eye of the Common Octopus (Octopus vulgaris), Frontiers of Physiology 10 (2020), Article 1637, S. 1 ff.; *P. Morse/C. L. Huffard*, Tactical Tentacles: New Insights on the Processes of Sexual Selection Among the Cephalopoda, Frontiers in Physiology 10 (2019), Article 1035, S. 1 ff.; *C. Pascual/H. Cruz-Lopez/C. Rosas et al.*, Changes in Biochemical Composition and Energy Reserves Associated With Sexual Maturation of Octopus maya, Frontiers of Physiology 11 (2020), Article 22, S. 1 ff.; *K. Roumbedakis/M. Drábková/T. Tyml/C. di Cristo*, A Perspective Around Cephalopods and Their Parasites, and Suggestions on How to Increase Knowledge in the Field, Frontiers of Physiology 9 (2019), Article 1573, S. 1 ff.; *C. Soto/A. Kelber/F. D. Hanke*, The Pupillary Response of the Common Octopus (Octopus vulgaris), Frontiers in Physiology 11 (2020), Article 1112, S. 1 ff.; *A. V. Sykes1/E. Almansa/P. L. R. Andrews et al.*, Can Cephalopods Vomit?, Hypothesis Based on a Review of Circumstantial Evidence and Preliminary Experimental Observations, Frontiers in Physiology 11 (2020), Article 765, S. 1 ff. Angesichts der partiellen Unzugänglichkeit der Habitate ist auch das herausfordernd. So wurde beispielsweise zur Erforschung des Riesenkalmars (*Architeuthis dux*), der die Tiefsee bewohnt, auf molekularbiologische Methoden der DNA-Kartierung zurückgegriffen, weil eine unmittelbare Beobachtung kaum möglich ist. S. dazu *R. R. da Fonseca/A. Couto/M. T. P. Gilbert et al.*, A draft genome sequence of the elusive giant squid, Architeuthis dux, GigaScience 9 (2020), S. 1 ff. Auch ernährungswissenschaftliche Beobachtungen können teils in der Natur erfolgen, z. B. durch Probeentnahme an Wildfängen oder toten Tieren im Spülsaum. S. hierzu exemplarisch die Studie zu Cephalopoden als Überträger von Toxinen des Phytoplanktons: *V. M. Lopes/A. R. Lopes/P. Costa/R. Rosa*, Cephalopods as Vectors of Harmful Algal Bloom Toxins in Marine Food Webs, Marine Drugs 11 (2013), S. 3381 ff.

indiziert bereits der offenkundige Bedarf nach einer Selbstorganisation der Forschenden, die Cephalopoden als Labortiere nutzen: Die *Association for Cephalopod Research* (CephRes) wurde 2011 gerade zum Zweck gegründet, der kleinen Gruppe auf diesem Gebiet spezialisierter Wissenschaftlerinnen und Wissenschaftler Hilfestellungen zu bieten, um bei ihrer tierexperimentellen Arbeit den Anforderungen der EU-Tierversuchsrichtlinie[86] zu genügen.[87] Die Zahl der in Versuchen verwendeten Cephalopoden ist im Vergleich zu Wirbeltieren sehr klein.[88] Im Jahr 2020 wurden nach der Statistik des zuständigen Bundesinstitut für Risikobewertung (vgl. § 41 TierSchVersV[89]) bei einer Gesamtzahl der Versuchstiere von etwa 1,9 Millionen (davon ca. 1,35 Millionen Mäuse) gerade einmal 31 Cephalopoden und diese ausschließlich in der Grundlagenforschung verwendet.[90] Zu regulatorischen Zwecken (z. B. in der vorklinischen Toxikologie bei Arzneimittelprüfungen) oder in sonstigen toxikologischen Sicherheitstests wurde kein einziges Tier benötigt.[91] Aufgrund der taxonomischen Distanz zum Menschen wären entsprechende stoffliche Sicherheitsprüfungen an Cephalopoden auch durchweg weder verlässlich noch mangels indizieller Eignung tierethisch vertretbar. Insgesamt 11 Tiere überlebten die Versuche nicht, 17 Tiere wurden geringen, zwei moderaten und ein Tier schweren

---

86 Dazu unten IV.

87 S. Abstracts of Contributions Presented at Euroceph 2011 „Cephalopod Biology Research in the 21st Century A European Perspective“, Journal of Shellfish Research 0 2011), S. 989–1023.

88 Einen Aufschluss über die bislang randständige Bedeutung gibt die Antwort der Bundesregierung auf eine parlamentarische Anfrage, wie viele Tiere im 2017 innerhalb der EU für Tierversuche gezüchtet, dann aber nicht verwendet wurden. Von den insgesamt etwa 12 Millionen „überzähligen“ Tieren (davon ca. 10,5 Millionen Mäuse) waren ganze zwei Cephalopoden. Vgl. Drs. 19/18520, S. 20. Zum groben Größenvergleich: Eine Auswertung veröffentlichter Statistiken kommt auf eine Gesamtsumme von etwa 80 Millionen verwendeter Versuchstiere im Jahr 2015: *K. Taylor/L. Rego Alvarez*, An Estimate of the Number of Animals Used for Scientific Purposes Worldwide in 2015, Alternatives to Laboratory Animals 47 (2019), S. 196 (210).

89 Tierschutz-Versuchstierverordnung v. 1.8.2013 (BGBl. I S. 3125, 3126), die zuletzt durch Art. 1 der Verordnung v. 11.8.2021 (BGBl. I S. 3570) geändert worden ist. Die Übermittlung von Zusammenfassungen an das BfR nach § 41 TierSchVersV soll den landesrechtlichen Informationsfreiheitsrechten vorgehen, so *VG Düsseldorf*, Urt. v. 20.10.2017 – 26 K 1413/16, Rn. 42; *VG Sigmaringen*, Urt. v. 22.7.2020 – 8 K 9083/17, Rn. 24 ff.

90 *Bundesinstitut für Risikobewertung* (Hrsg.), Zahlen zu den im Jahr 2020 verwendeten Versuchstieren, Bericht v. 16.12.2021, S. 2, 3, 9, 15, 36. Zu der Verteilung der Versuchstiere auf die verschiedenen Felder der biomedizinischen Forschung *H. Brandstetter*, Tierversuche und Versuchstiere, in: D. Sturma/D. Lanzerath (Hrsg.), Tiere in der Forschung, 2016, S. 12 (19 ff.).

91 *Bundesinstitut für Risikobewertung* (Fn. 90), S. 17, 22, 23, 24, 26, 38.

Belastungen ausgesetzt.[92] Kein Cephalopode war genetisch verändert, beispielsweise bei Mäusen waren es etwa 60 Prozent der Versuchstiere.[93]

Dabei ist die Wissenslücke im Bereich der Physiologie und Ökologie der Cephalopoden weiterhin groß. Fundiertes Wissen über Biologie, Ökologie und Physiologie ist nur für ca. 60 der etwa 800 Cephalopoden-Arten[94] vorhanden.[95] In den fünf Jahren von 2015 bis 2019 standen weltweit über 135.000 zoologischen Veröffentlichungen, die auf Tierversuchen mit Vertebraten gründeten, etwa 1.600 mit Cephalopoden gegenüber.[96] Diese geringe Quantität dürfte auch ein Grund sein, warum das Tierwohl der Cephalopoden im Vergleich zu den Standardspezies der Labortiere der Vertebraten bislang eher vernachlässigt wurde.[97] Setzt man freilich den relativen Anteil der Veröffentlichungen von Forschungsarbeiten mit Cephalopoden in ein Verhältnis zu dem verschwindend geringen Anteil der verbrauchten Versuchstiere, scheint die Cephalopodenforschung offenbar um ein Vielfaches höhere Ausbeute wissenschaftlicher Erkenntnis geliefert zu haben, über deren Gründe man dann nur spekulieren kann. Herausforderungen der schwierigen Laborhaltung haben die Forschung mit Cephalopoden von Anfang an begleitet.[98] Praktisch anspruchsvoll sind nicht zuletzt die hinreichend homogene Aufzucht und die Eignung für ein Laborumfeld.[99] Cephalopoden kommen ausschließlich im Salzwasser vor,[100] besiedeln dort aber sehr unterschiedliche Lebensräume.[101] Manche Kalmare (wie *Ommastrephidae*) müssen sich ununterbrochen schwimmend fortbewegen, benötigen daher riesige Aquarien und stellen extreme

---

[92] *Bundesinstitut für Risikobewertung* (Fn. 90), S. 28, 35.

[93] *Bundesinstitut für Risikobewertung* (Fn. 90), S. 29 f.: 809.000 gentechnisch modifizierte Mäuse unter insgesamt 1.341.000 Tieren.

[94] Vgl. *von Salvini-Plawen* (Fn. 2), S. 345.

[95] *O'Brien/Roumbedakis/Winkelmann* (Fn. 71), S. 2.

[96] *F. De Sio/F. D. Hanke/G. Ponte et al.*, E Pluribus Octo – Building Consensus on Standards of Care and Experimentation in Cephalopod Research: a Historical Outlook, Frontiers in Physiology 11 (2020), Article 645, S. 1 (3).

[97] Vgl. *K. Horvath/D. Angeletti/G. Nascetti/C. Carere*, Invertebrate welfare: an overlooked issue, Annali dell'Istituto Superiore di Sanità 49 (2013), S. 9 ff.

[98] Vgl. *D. Staaf*, Squid Empire: The Rise and Fall of the Cephalopods, 2017, S. 109, 195. Eingehend *D. J. Oestmann/J. M. Scimeca/P. Lee et al.* Special Considerations for Keeping Cephalopods in Laboratory Facilities, Contemporary Topics of the American Association for Laboratory Animals Science 36 (1997), S. 89 ff.

[99] Vgl. *P. G. Lee/P. E. Turk/W. T. Yang/R. T. Hanlon*, Biological Characteristics and Biomedical Applications of the Squid Sepioteuthis lessoniana Cultured Through Multiple Generations, The Biological Bulletin 186 (1994), S. 328 ff.

[100] *G. Fiorito/A. Affuso/P. Andrews et al.*, Cephalopods in neuroscience: regulations, research and the 3Rs, Invertebrate Neuroscience 14 (2014), S. 13 (14).

[101] *Nixon/Young* (Fn. 80), S. 8 ff.

Anforderungen an ein Forschungslabor.[102] Forschung wäre mithin sehr kostenintensiv. Die praktische Verwendung als Versuchstiere beschränkt sich daher im Wesentlichen – wie die ausgewerteten Veröffentlichungen zeigen – auf vergleichsweise einfach zu haltende Arten der Gattungen *Octopus*[103] und *Euprymna* sowie die Art *Sepia officinalis* (Gemeiner Tintenfisch[104]). Die Art *Euprymna scolopes* („Hawaiian bobtail squid"[105]) aus der Familie der Zwergtintenfische (*Sepiolidae*)[106], die mit einer Mantellänge von ca. 30–35 mm in Laboraquarien gut haltbar ist,[107] lässt sich unter kontrollierten Bedingungen nachzüchten.[108] Genannt werden daneben die Gattung *Loligo*,[109] insbesondere *L. vulgaris* (Gemeiner Kalmar) und *L. forbesi* (Nordischer Kalmar), sowie die Gattung *Eledone*,[110] nämlich *E. cirrhosa* (Zirrenkrake[111]) und *E. moschata* (Moschuskrake).[112]

## 1. Hochkomplexes Nervensystem als Proprium

Cephalopoden weisen verschiedene morphologische und physiologische Besonderheiten auf.[113] Jüngste Studien haben – anhand der konventio-

---

[102] *N. A. Moltschaniwskyj/K. Hall/K. Warnke et al.*, Ethical and welfare considerations when using cephalopods as experimental animals, Reviews in Fish Biology and Fisheries 17 (2007), S. 455 (465). Allgemein zum Raum als Herausforderung für die Forschung mit Wasserorganismen *W. Limpert/U. Sommer*, Limnoökologie, 2. Aufl. (1999), S. 18 f. Zur oben erwähnten Familie der *Ommastrephidae*: *C. F. E. Roper/C. Nigmatullin/P. Jereb*, Family Ommastrephidae, in: P. Jereb/C. F. E. Roper (Hrsg.), Cephalopods of the world, Vol. 2: Myopsid and Oegopsid Squids, 2010, S. 269 ff.

[103] Dazu *Nixon/Young* (Fn. 80), S. 276 ff.

[104] Dazu *Nixon/Young* (Fn. 80), S. 51 ff.

[105] Ein deutscher Name für die Art scheint nicht zu bestehen. Literatur zur Art bei *P. Jereb/C. F. E. Roper*, Cephalopods of the World: Chambered Nautiluses and Sepoids, Vol. 1, 2005, S. 181. Steckbrief bei *M. McFall-Ngai*, Hawaiian bobtail squid, Current Biology 18 (2008), S. R1043 f.; *Nixon/Young* (Fn. 80), S. 86 f.

[106] Zu diesen *Nixon/Young* (Fn. 80), S. 79 ff.

[107] Frühzeitige Haltungsbeschreibung bereits bei *J. M. Arnold/C. T. Single/L. D. Williams-Arnold*, Embryonic Development and Post-Hatching Survival of the Sepiolid Squid Euprymna scolopes under Laboratory conditions, The Veliger 14 (1972), S. 361 ff.

[108] *Fiorito/Affuso/Andrews et al.* (Fn. 100), S. 20.

[109] Dazu *Nixon/Young* (Fn. 80), S. 93 mit S. 3, 18, 24, 29, 31 f., 93–110, 115 ff., 123 ff.

[110] Dazu *Nixon/Young* (Fn. 80), S. 315 f.

[111] Zur Haltung *P. R. Boyle*, Methods for the aquarium maintenance of the common octopus of British waters, Eledone cirrhosa, Laboratory Animals 15 (1981), S. 327 ff.

[112] *Fiorito/Affuso/Andrews et al.* (Fn. 100), S. 15 f.

[113] Vgl. etwa *S. Baratte/A. Andouche/L. Bonnaud*, Engrailed in cephalopods: a key gene related to the emergence of morphological novelties, Development Genes and Evolution 217 (2007), S. 353 ff. Etwa ist die antero-posteriore Ausrichtung durch Hox-Gene, die auch für das Anlegen der Neuralröhre relevant sind (dazu nur *D. H. Sanes/T. A. Reh/W. A. Harris*, Development of the Nervous System, 4. Aufl. [2019], S. 29 ff.;

nellen Arten *Doryteuthis pealeii* (Nordamerikanischer Kalmar[114]), *Octopus bimaculoides* und *Euprymna scolopes* – nachgewiesen, dass bereits das Genom von Cephalopoden zahlreiche Besonderheiten aufweist, die sich deutlich von der ansonsten vergleichsweise hohen Konservierung des Genoms auch entfernterer tierischer Taxa abheben,[115] und das es einzigartige abweichende Mechanismen der Organisation der Genregulation gibt[116]. Cephalopoden haben – sicherlich auch aufgrund der großen evolutionsbiologischen Distanz – ein Genom mit zahlreichen Genen, die einzigartige Proteine kodieren.[117]

Cephalopoden verfügen vor allem über ein hochkomplexes Nervensystem,[118] das auch im Zentrum der Forschungsinteressen steht. Ursprünge des Nervensystems der Metazoen liegen in vergleichsweise primitiv gebauten Cnidaria,[119] enthalten aber trotz ca. 550 Millionen Jahren Evolutions-

---

*G. F. Striedter*, Neurobiology, 2016, S. 103 f.), ungesichert: *S. Shigeno/P. L. R. Andrews/G. Ponte/G. Fiorito*, Cephalopod Brains: An Overview of Current Knowledge to Facilitate Comparison With Vertebrates, Frontiers in Physiology 9 (2018), Article 962, S. 1 (3); vgl. im Übrigen etwa *C. Farfán/S. Shigeno/M.-T. Nödl/H. G. De Couet*, Developmental expression of apterous/Lhx2/9 in the sepiolid squid Euprymna scolopes supports an ancestral role in neural development, Evolution & Development 11 (2009), S. 354 ff. Zur Neurophysiologie eingehend *B. Hochner/T. Shomrat*, The neurophysiological basis of learning and memory in an advanced invertebrate: the octopus, in: A.-S. Darmaillacq/L. Dickel/J. Mather (Hrsg.), Cephalopod Cognition, 2014, S. 72 ff.

[114] Dazu *Nixon/Young* (Fn. 80), S. 93 ff. unter dem Synonym der Gattung *Loligo*.

[115] *C. B. Albertin/S. Medina-Ruiz/D. S. Rokhsar et al.*, Genome and transcriptome mechanisms driving cephalopod evolution, Nature Communications 13 (2022), Nr. 2427, S. 1 ff. Für eine grundlegende Genomanalyse und Hypothesen zur Entstehung von Innovation *C. B. Albertin/O. Simakov/D. S. Rokhsar et al.*, The octopus genomeand the evolution of cephalopod neural and morphological novelties, Nature 524 (2015), S. 220 ff.

[116] *H. Schmidbaur/A. Kawaguchi/O. Simakov et al.*, Emergence of novel cephalopod gene regulation and expression through large-scale genome reorganization, Nature Communications 13 (2022), Nr. 2171, S. 1–11. Vgl. ferner *O'Brien/Roumbedakis/Winkelmann* (Fn. 71), S. 4. Demgegenüber scheinen die typischen Mechanismen der Epigenetik (Methylierung der DNA und Histon-Modifikation) auch in Cephalopoden weitegehend konserviert zu sein. So *F. Macchi/E. Edsinger/K. C. Sadler*, Epigenetic machinery is functionally conserved in cephalopods, BMC Biology 20 (2022), Nr. 202, S. 1–22.

[117] *Staaf* (Fn. 98), S. 25.

[118] *Fiorito/Affuso/Andrews et al.* (Fn. 100), S. 14; *C. L. Huffard*, Cephalopod neurobiology: an introduction for biologists working in other model systems, Invertebrate Neuroscience 13 (2013), S. 11 (12); *A. Kerbl/S. Handschuh/A. Wanninger et al.*, Micro-CT in cephalopod research: Investigating the internal anatomy of a sepiolid squid using a non-destructive technique with special focus on the ganglionic system, Journal of Experimental Marine Biology and Ecology 447 (2013), S. 140 (140). Eingehend zum Aufbau *Nixon/Young* (Fn. 80), S. 18–34.

[119] Dazu *F. Boero/J. Bouillon/S. Piraino*, The role of Cnidaria in evolution and ecology, Italian Journal of Zoology 72 (2005), S. 65 ff.; *F. Boero/B. Schierwater/S. Piraino*, Cnidarian milestones in metazoan evolution, Integrative and Comparative Biology 47 (2007), S. 693 (695 ff.); *I. Kelava/F. Rentzsch/U. Technau*, Evolution of eumetazoan ner-

geschichte eine hohe Konservierung. Manche Cephalopoden – wie Arten der Gattung *Octopus* – haben geschätzt ca. 500 Millionen Neuronen, vergleichbar einem Hund.[120] Tatsächlich sollen nur etwa ein Drittel der Neuronen von *Octopus vulgaris* (Gemeiner Krake[121]) im ZNS verortet sein, während zwei Drittel im peripheren Nervensystem (nicht zuletzt der Arme mit den innervierten Saugnäpfen) verteilt sind, dessen Grad der Autonomie noch nicht hinreichend erforscht ist,[122] obgleich eine jüngere Studie auf einen hohen Grad zentraler Steuerung hindeutet.[123] Es finden sich Hirnlappen unterschiedlicher Zahl, die den Ganglien anderer Invertebraten ähneln.[124] Wie es zu der Ausdifferenzierung der Gehirne von Cephalopoden[125] kommen konnte, die zwar in Größe und Leistungsvermögen denen der Vertebraten ähneln, sich aber stark von denen anderer Mollusca unterscheiden, gehört weiterhin zu den Rätseln der Entwicklungs- und Evolutionsbiologie.[126] In den kognitiven Fähigkeiten (Wahrnehmung,

---

vous systems: insights from cnidarians, Philosophical Transactions of the Royal Society 370 (2015), 20150065, S. 1 ff.; *O. Koizumi*, Origin and Evolution of the Nervous System Considered from the Diffuse Nervous System of Cnidarians, in: S. Goff/Z. Dubinsky (Hrsg.), The Cnidaria, Past, Present and Future, 2016, S. 73 ff.; *H. Watanabe/T. Fujisawa/T. W. Holstein*, Cnidarians and the evolutionary origin of the nervous system, Development Growth & Differtiation 51 (2009), S. 167 ff. Zur evolutionsbiologischen Schlüsselstellung der Cnidaria bei der Entwicklung mehrzelliger Lebewesen *M. J. Benton/J. Cunnigham*, The Evolution of Metazoans, M. J. Benton (Hrsg.), Cowen's History of Life, 6. Aufl. (2020), S. 45 (49 f.); allgemein zur Morphologie und Evolution der Cnidaria *A. Paululat/G. Purschke*, Metazoa – Morphologie und Evolution der vielzelligen Tiere, 2023, S. 13 ff.

120 *Huffard* (Fn. 118), S. 12.

121 *Nixon/Young* (Fn. 80), S. 276 ff.

122 *Feinberg/Mallatt* (Fn. 5), S. 189, sprechen von semi-autonomen Systemen, weil sich die komplexen Bewegungsmuster von (zumindest) acht Armen in alle Richtungen und mit verschiedenen Bewegungsoptionen kaum zentral steuern ließen.

123 *T. Gutnick/L. Zullo/B. Hochner/M. J. Kuba*, Use of Peripheral Sensory Information for Central Nervous Control of Arm Movement by Octopus vulgaris, Current Biology 30 (2020), S. 4322 ff.

124 *B. Hochner*, Octopuses, Current Biology 18 (2008), S. R897 (R898); *Huffard* (Fn. 118), S. 12; *Shigeno/Andrews/Ponte/Fiorito* (Fn. 113), S. 2; *Shomrat/Turchetti-Maia/Stern-Mentch/Basil/Hochner* (Fn. 55), S. 947 f. Zur entwicklungsbiologischen Integration auch der auffälligen Gehirnentwicklung in die Mollusca vgl. *S. Shigeno/R. Parnaik/C. B. Albertin/C. W. Ragsdale*, Evidence for a cordal, not ganglionic, pattern of cephalopod brain neurogenesis, Zoological Letters 1 (2015), Article 26, S. 1 ff.

125 *T. Hanlon/J. B. Messenger*, Cephalopod Behaviour, 2. Aufl. (2018), S. 40 ff.

126 Vgl. *A. Deryckere/E. Seuntjens*, The Cephalopod Large Brain Enigma: Are Conserved Mechanisms of Stem Cell Expansion the Key?, Frontiers in Physiology 9 (2018), Article 1160, S. 1 ff., die namentlich die Rolle massierter neuronaler Stammzellen in der Embryonalentwicklung thematisieren; *Shigeno/Andrews/Ponte/Fiorito* (Fn. 113), S. 1 ff.; vgl. ferner *S. Shigeno/T. Sasaki/K. Agata et al.*, Evolution of the Cephalopod Head Complex by Assembly of Multiple Molluscan Body Parts: Evidence From Nautilus Embryonic Development, Journal of Morpholgy 269 (2008), S. 1 ff.

Lernen, Gedächtnis[127]) und im Verhalten sowie in der motorischen Kontrolle[128] ist es wohl zu einer teils konvergenten Evolution mit den Wirbeltieren gekommen.[129] Man vermutet eine durch die jeweils vorherrschenden Umweltbedingungen[130] selbstständig ausgelöste Koevolution von Intelligenz und komplexem Verhalten in Cephalopoden einerseits und Vertebraten andererseits.[131] Wahrscheinlich ist eine Adaption im Verhalten an die Vertebraten (nicht zuletzt Fische), die leistungsstarke ZNS entwickelt und dadurch evolutiven Selektionsdruck aufgebaut haben, der wiederum zu konvergenten Entwicklungen[132] eines vergleichbar leistungsstarken Nervensystems der konkurrierenden oder in der Nahrungspyramide darunter stehenden Cephalopoden geführt hat.[133] Zu nennen sind: komplexes Verhalten und räumliches Gedächtnis;[134] episodisches Gedächtnis;[135]

---

[127] Zur neurobiologischen Konstruktion von Plastizität nur *D. F. Braus*, EinBlick ins Gehirn, 3. Aufl. (2014), S. 57 ff.; *J. W. Rudy*, The Neurobiology of Learning and Memory, 3. Aufl. (2021), S. 20 ff.

[128] *Huffard* (Fn. 118), S. 13 f.; *G. Marini/F. De Sio/G. Ponte/G. Fiorito*, Behavioral analysis of learning and memory in cephalopods, in: J. H. Byrne (Hrsg.), Learning and memory: a comprehensive reference, 2. Aufl. (2017), S. 441 ff.

[129] Grundlegend *A. Packard*, Cephalopods and fish: the limits of convergence, Biological Reviews 47 (1972), S. 241 ff.; ferner *Fiorito/Affuso/Andrews et al.* (Fn. 100), S. 17; *A. K. Schnell/N. S. Clayton*, Cephalopods: Ambassadors for rethinking cognition, Biochemical and Biophysical Research Communications 564 (2021), S. 27 ff.

[130] Allgemein zur These, dass Kognition und ihre Evolution eine Antwort auf komplexe Umweltbedingungen ist, *P. Godfrey-Smith*, Environmental Complexity, Signal Detection, and the Evolution of Cognition, in: M. Bekoff/C. Allen/G. M. Burghardt (Hrsg.), The Cognitive Animal, 2002, S. 135 ff.

[131] *P. Amodio/M. Boeckle/N. S. Clayton et al.*, Grow Smart and Die Young: Why Did Cephalopods Evolve Intelligence?, Trends in Ecology & Evolution 34 (2019), S. 45 ff.

[132] Vgl. zur Standardprämisse paralleler Evolution des Nervensystems der Mollusca *Fiorito/Affuso/Andrews et al.* (Fn. 100), S. 17 f.; *P. S. Katz*, Phylogenetic plasticity in the evolution of molluscan neural circuits, Current Opinion in Neurobiology 41 (2016), S. 8 ff.; differenziert zu den Cephalopoden *Shomrat/Turchetti-Maia/Stern-Mentch/Basil/Hochner* (Fn. 55), S. 947 ff.

[133] MPI-Direktor Professor Dr. *Gilles Laurent* im Gespräch v. 28.3.2023 mit *Karoline Maria Linzbach* und mir.

[134] *R. Hanlon/M. Vecchione/L. Allcock*, Octopus, Squid & Cuttlefish: A Visual, Scientific Guide to the Oceans' Most Advanced Invertebrates, 2018, S. 154 f. Das räumliche Gedächtnis wurde beispielsweise bei Oktopus-Arten nachgewiesen, weil diese Beutezüge in ganz unterschiedliche Richtungen unternehmen, aber immer wieder in ihre Wohnhöhle zurückkehren und zudem Gebiete ein paar Tage meiden, die sie bereits nach versteckter Beute durchsucht haben. So *J. A. Mather/R. C. Anderson/J. B. Wood*, Octopus: The Ocean's Intelligent Invertebrates, 2010, S. 126. Zur Orientierung der Cephalopoden weiterführend *C. Jozet-Alves/A.-S. Darmaillacq/J. G. Boal*, Navigation in cephalopods, in: A.-S. Darmaillacq/L. Dickel/J. Mather (Hrsg.), Cephalopod Cognition, 2014, S. 150 ff.

[135] *C. Jozet-Alves/M. Bertin/N. S. Clayton*, Evidence of episodic-like memory in cuttlefish, Current Biology 23 (2013), S. R1033 ff. Konkret für Geruch/Geschmack *P. Billard/N. S. Clayton/C. Jozet-Alves*, Cuttlefish retrieve whether they smelt or saw a previously encountered item. Scientific Reports 10 (2020), Article 5413, S. 1 ff.

Anpassung des Verhaltens bei der Nahrungssuche an Veränderungen der Verfügbarkeit.[136] Auf neurochemischer Ebene besteht eine hohe Konservierung;[137] es gibt aber auch abweichende Entwicklungen,[138] manche davon akzessorisch zum Bedarf, die Morphologie nachlaufend anzupassen.[139] Eine umfassende Metastudie zum verfügbaren Wissen über die Entwicklung des Nervensystems bei Cephalopoden greift zwecks Vergleich im Wesentlichen auf – unsichere – funktionale Analogien zu Regionen des ZNS der Vertebraten zurück.[140]

Nachgewiesen ist eine qualifizierte Lernfähigkeit und lernende Anpassung an eine neue Umgebung,[141] insbesondere die räumliche Einschränkung in einem Laboraquarium.[142] Beispielsweise wurde in einem Experiment mit *Sepia officinalis* angebotener Nahrung (vor allem Krabben) der Bitterstoff Chinin beigefügt, worauf die Versuchstiere nachhaltig ihr Futterverhalten umstellten, um den unangenehmen Geschmack zu vermeiden.[143] Es gibt Untersuchungen, wonach ein Oktopus menschliche Gesichter unterscheiden können soll.[144] Ob Cephalopoden hingegen die Selbsterkennung des eigenen Spiegelbilds – als Standardtest eines Selbst-Bewusstseins – möglich ist, konnte bislang nicht ermittelt werden.[145] Ein Experiment, in dem Oktopoden teilweise mit (ungiftigem) Nagellack markiert und Reaktionen gegenüber dem eigenen Spiegelbild sowie sonstigen Projektionen relational gemessen wurden, blieb – auch wegen der zu

---

[136] *P. Billard/A. K. Schnell/N. S. Clayton/C. Jozet-Alves*, Cuttlefish show flexible andfuture-dependent foraging cognition, Biology Letters 16 (2020), Nr. 20190743, S. 1 ff.

[137] Zu Acetylcholin und Serotonin als Neurotransmittern in den Armen *Shigeno/Andrews/Ponte/Fiorito* (Fn. 113), S. 6.

[138] *Shigeno/Andrews/Ponte/Fiorito* (Fn. 113), S. 5. Vgl. auch *K. M. Koenig/P. Sun/E. Meyer/J. M. Gross*, Eye development and photoreceptor differentiation in the cephalopod Doryteuthis pealeii, Development 143 (2016), S. 3168 ff.; *T. Wollesen/C. McDougall/B. M. Degnan/A. Wanninger*, POU genes are expressed during the formation of individual ganglia of the cephalopod central nervous system, EvoDevo 5 (2014), Article 41, S. 1 ff.; *M. Yoshida/K. Yura/A. Ogura*, Cephalopod eye evolution was modulated by the acquisition of Pax-6 splicing variants, Scientific Reports 4 (2014), Article 4256, S. 1 ff.

[139] Vgl. *S. Navet/A. Andouche/S. Baratte/L. Bonnaud*, Shh and Pax6 have unconventional expression patterns in embryonic morphogenesis in Sepia officinalis (Cephalopoda), Gene Expression Patterns 9 (2009), S. 461 ff.

[140] *Shigeno/Andrews/Ponte/Fiorito* (Fn. 113), S. 6–9.

[141] *Hanlon/Messenger* (Fn. 125), S. 227 ff.

[142] *Ponte/Chiandetti/Fiorito et al.* (Fn. 6), S. 6.

[143] *A. S. Darmaillacq/L. Dickel/M. P. Chichery/V. Agin/R. Chichery*, Rapid taste aversion learning in adult cuttlefish, Sepia officinalis, Animal Behaviour 68 (2004), S. 1291 ff.

[144] *R. C. Anderson/J. A. Mather/M. Q. Monette/S. R. M. Zimsen*, Octopuses (Enteroctopus dofleini) Recognize Individual Humans, Journal of Applied Animal Welfare Science 13 (2010), S. 261 ff.; *Ponte/Chiandetti/Fiorito et al.* (Fn. 6), S. 8.

[145] *Mather/Anderson/Wood* (Fn. 134), S. 134.

kleinen Versuchspopulation – undeutlich.[146] Will man spekulative Kurzschlüsse von neuronalen Strukturen auf abstrakte Modelle der Psychologie vermeiden,[147] verbleiben hier zwangsläufig erhebliche Unsicherheiten.

In einem Experiment mit *Sepia officinalis* fanden sich bei einer Langzeitbeobachtung in einem Ruhebereich Indizien (insbesondere phasenweise Aktivitäten der Chromatophoren[148] mit spezifischen Mustern[149]), dass die Tiere einen dem REM-Schlaf vergleichbaren Zustand einnehmen, dessen neuromolekulare Steuerung vermutlich der bei Menschen ähnlich sein soll.[150] Die Funktion sei unklar, vergleichende Betrachtungen mit anderen Arten deuteten aber darauf hin, dass eine Ausformung spezifischer und strukturierter Schlafphasen mit dem Komplexitätszuwachs des ZNS entstanden seien.[151] Hier zeigt sich erneut, dass man – zumal bei evolutionsbiologisch weit entfernten Taxa – auf einer Komplexitätsebene des Verhaltens keine einfachen Analogieschlüsse ziehen darf und gerade das Risiko vermeiden muss, anthropomorphistisch einer gänzlich anderen Spezies kognitive Eigenschaften zuzuschreiben,[152] nur weil einem etwas intuitiv ähnlich erscheint. Der Hang des Menschen, sich selbst in der Kreatur wiederzusehen, verleitet zur Spekulation. Gerade die Tierethik ist anfällig hierfür. Schlafphasen sind zunächst einmal rein funktional, die Deduktion von Bewusstseinszuständen ist daher ein weiter Sprung mit wohl mehr als nur einer Prise Spekulation.

---

[146] *P. Amodio/G. Fiorito*, A preliminary attempt to investigate mirror self-recognition in Octopus vulgaris, Frontiers in Physiology 13 (2022), Nr. 951808, S. 1 ff.

[147] *C. Lamm/J. Majdandžić*, The role of shared neural activations, mirror neurons, and morality in empathy – A critical comment, Neuroscience Research 90 (2015), S. 15 (22).

[148] Zu diesen nur *Hanlon/Messenger* (Fn. 125), S. 36; *Nixon/Young* (Fn. 80), S. 13 f. Eine berühmte Beschreibung des Farbveränderungsverhaltens findet sich bei *C. Darwin*, Journal of researches into the natural history and geology of the countries visited during the voyage of H. M. S. Beagle round the world, under the Command of Capt. Fitz Roy, 2. Aufl. (1845), S. 7.

[149] Dazu eingehend *M. J. How1/M. D. Norman/N. J. Marshall*, Dynamic Skin Patterns in Cephalopods, Frontiers in Physiology 8 (2017), Article 393, S. 1 ff.

[150] *M. G. Frank/R. H. Waldrop/M. Dumoulin/S. Aton/J. G. Boal*, A Preliminary Analysis of Sleep-Like States in the Cuttlefish Sepia officinalis, PLoS One 7 (2012), e3812, S. 1 ff. Die Untersuchung von *D. M. Peña-Guzmán*, When Animals Dream: The Hidden World of Animal Consciousness, 2022, S. 38, will hieraus Indizien entnehmen, dass Sepia auch Träume oder traumähnliche Erlebnisse haben, was Spekulation bleiben muss.

[151] *Frank/Waldrop/Dumoulin/Aton/Boal* (Fn. 150), S. 6.

[152] Mit Recht kritisch aus der Rechtsprechung *OVG Bremen*, Urt. v. 11.12.2012 – 1 A 180/10 und 1 A 367/10, ZUR 2013, S. 425 (429). S. auch *A. V. Sykes/F. D. Baptista/R. A. Gonçalves/J. P. Andrade*, Directive 2010/63/EU on animal welfare: a review on the existing scientific knowledge and implications in cephalopod aquaculture research, Reviews in Aquaculture 4 (2012), S. 142 (146).

Die Komplexität von Verhalten bedingt es zwangsläufig, dass es sich nicht einfach deuten lässt. Schon hier zeigt sich, dass tierethische Modelle, wie sie dem Tierschutzrecht zugrunde liegen, überhaupt nur als normativ determinierte Fiktion tragfähig sind, die gerade diejenige Komplexität radikal reduzieren müssen, die Gegenstand neurowissenschaftlicher Forschung ist. Hierauf wird zurückzukommen sein.

## 2. *Cephalopoden als Modell in der Wissenschaftsgeschichte*

Cephalopoden spielten in der Wissenschaftsgeschichte der Life Sciences immer wieder eine Rolle. Als Objekt systematischer und übergreifender biowissenschaftlicher Forschung tauchten Cephalopoden gegen Ende des 19. Jahrhunderts zunächst wegen ihren leistungsstarken Augen auf.[153] Sie haben sich historisch zu einem bedeutenden – obgleich gewiss nicht dem einzigen[154] – Modell entwickelt, das Nervensystem zu verstehen.[155]

### *a) Die Riesenaxone und der Anfang der modernen Neurophysiologie*

Von wissenschaftsgeschichtlich herausragender Bedeutung waren die Riesenaxone im peripheren Nervensystem der Tintenfische.[156] *Alan Hodgkin* (* 1914 † 1998) und *Andrew Huxley* (* 1917 † 2012) entwickelten anhand der Riesenaxone des Tintenfisches *Doryteuthis pealeii* (synonym *Loligo pealeii*) – „perhaps the best-known nerve cell in all of biology and human

[153] Dazu weiterführend *A. Dröscher*, Pioneering Studies on Cephalopod's Eye and Vision at the Stazione Zoologica Anton Dohrn (1883–1977), Frontiers in Physiology 7 (2016), Article 618, S. 1 ff. Allgemein im Überblick zur Wissenschaftsgeschichte der Cephalopodenforschung *A. Dröscher*, Cephalopod research from Antiquity to the present: a very brief historical sketch, 2018; *R. Nakajima/S. Shigeno/M. R. Schmidt et al.*, Cephalopods Between Science, Art, and Engineering: A Contemporary Synthesis, Frontiers in Communication 3 (2018), Article 20, S. 1 ff.

[154] S. *M. Häusser*, The Hodgkin-Huxley theory of the action potential, Nature Neuroscience 3 (2000), S. 1165: „one of the great success stories in biology, and ranks among the most significant conceptual breakthroughs in neuroscience". Eine anschauliche Rekonstruktion der Experimente findet sich bei *A. J. Hopper/H. Beswick-Jones/A. M. Brown*, A color-coded graphical guide to the Hodgkin and Huxley papers, Advances in Physiology Education 46 (2022), S. 580 ff.; zur Einordnung und Entwicklung eingehend *F. Faraci*, The 60th anniversary of the Hodgkin-Huxley model: a critical assessment from a historical and modeller's viewpoint, 2013. Vgl. zum historisch älteren Interesse an den Nervensystemen der Arthropoden *N. J. Straussfeld*, Arthropod Brains, 2012, S. XI, 1 ff.

[155] *Fiorito/Affuso/Andrews et al.* (Fn. 100), S. 14.

[156] Historisch *C. J. Schwiening*, A brief historical perspective: Hodgkin and Huxley, Journal of Physiology 590 (2012), S. 2571 ff.

medicine"[157] – im Jahr 1952 ein Modell der elektrochemischen Signalübertragung durch Aktionspotentiale mittels Membranpotential sowie Ionenfluss[158] und schufen damit die Grundlagen der modernen Neurowissenschaft. Sie erhielten dafür 1963 den Nobelpreis für Physiologie/Medizin. Tatsächlich geht es hierbei um eine atypische, im Tierreich singuläre Erscheinung einer evolutionsbiologischen Sackgasse.[159] Cephalopoden haben keine Schwann'schen Zellen und damit keine Myelinscheiden, die die Nervenfasern isolieren,[160] was die Geschwindigkeit der elektrischen Signalweiterleitung begrenzt. Um die rapide Geschwindigkeit des Rückstoßantriebs schnell genug zu steuern, wurden daher – so die vorherrschende Erklärung mittels einer evolutionären Bewältigungsstrategie, neuronale Reaktionen zu beschleunigen[161] – die Axone der Nerven immer dicker, was den inneren elektrischen Widerstand verringert. Manche Riesenaxone erreichen daher einen Durchmesser von 1 mm und erwiesen sich aufgrund dieser Größe als ideal für neurowissenschaftliche Experimente. Hier brachte Grundlagenforschung einen bis heute entscheidenden Durchbruch, und zwar gerade mit einer Art, die evolutionär denkbar weit von der Physiologie des Menschen entfernt ist, und mittels einer Anomalie (der fehlenden Myelinisierung), die aufgrund der Unterschiede zu Nervenzellen der Wirbeltiere im Kontext der zur Verfügung stehenden Methoden und deren experimenteller Weiterentwicklung[162] erst praktische Forschung ermöglichte.

### *b) Der kybernetische Oktopus*

Der britische Zoologe *John Zachary Young* (* 1907 † 1997) benutzte in den 1950er Jahren, aufbauend auf (seinerzeit gerade in manchen Wissen-

---

[157] *Hanlon/Vecchione/Allcock* (Fn. 134), S. 194.

[158] *A. L. Hodgkin/A. F. Huxley*, A Quantitative Description of Membrane Current and its Application to Conduction and Excitation in Nerve, The Journal of Physiology 117 (1952), S. 500 ff.

[159] *Hanlon/Vecchione/Allcock* (Fn. 134), S. 38. Siehe vergleichend *A. Droguhn*, Membranpotenzial und Signalübertragung in Zellverbänden, in: H.-C. Pape/A. Kurtz/S. Silbernagl (Hrsg.), Physiologie, 9. Aufl. (2019), S. 89 (132), mit einer anschaulichen Proportionierung: Wäre diese Strategie evolutionsbiologisch weiterverfolgt worden, müsste der Ischiasnerv des Menschen breiter als der ganze Körper sein.

[160] Zur Neurophysiologie *G. Heldmaier/G. Neuweiler/W. Rössler*, Vergleichende Tierphysiologie, 2. Aufl. (2012), S. 493 ff.; *P. Vaupel/H.-G. Schaible/E. Mutschler*, Anatomie, Physiologie, Pathophysiologie des Menschen, 7. Aufl. (2015), S. 58 ff.

[161] *D. K. Hartline/D. R. Colman*, Rapid Conduction and the Evolution of Giant Axons and Myelinated Fibers, Current Biology 17 (2007), S. R29 ff.

[162] Eingehend *R. Eckert/D. Randall/W. Burggren/K. French*, Tierphysiologie, 4. Aufl. (2002), S. 156 ff.

schaftszweigen populär werdenden) Modellen der Kybernetik mit Feedback-Schleifen, den Oktopus als Modellorganismus für die Erinnerungs- und Lernprozesse des Gehirns.[163] In einer zeitgenössischen Besprechung des zu einer Monografie ausgebauten Gehirnmodells heißt es, dass dieses ein Beispiel für die Biologie als theoriebildende Wissenschaft sei.[164] Es war freilich eine experimentell gestützte Theoriebildung. *Young* blieb den Cephalopoden als Forschungsgegenstand über Jahrzehnte treu, deren Nervensystem er mit teils bahnbrechenden Studien erforschte.[165]

## *3. Forschungsinteressen*

Es gibt bis heute nur wenige Cephalopoden-Arten, die sich zur Haltung in der Gefangenschaft – und damit für Tierversuche – eignen.[166] Notwendig bleibt zudem auch hier die Konzentration auf bestimmte Leitspezies innerhalb der Cephalopoden, um die Standardisierung und Vernetzung[167] zu erleichtern.[168] Würden die sehr wenigen Wissenschaftlerinnen und Wissenschaftler, die überhaupt mit Cephalopoden forschen, auch noch eine breite Palette verschiedener Arten nutzen, würde sich die Forschung weitgehend in Mikrothemen einzelner Spezialistinnen und Spezialisten parzellieren, was Erkenntnispotentiale durch Vernetzung praktisch verschenken würde. Verbreitet sind vor allem *Sepia officinalis*, *Euprymna scolopes*, *Octopus vulgaris*, *Octopus bimaculoides* (Kalifornischer Zweiflecken-Oktopus) und *Enteroctopus dofleini* (Pazifischer Riesenkrake[169]).[170] Tierversuche mit

---

[163] *J. Z. Young*, Doubt and Certainty in Science: A Biologist's Reflections on the Brain, 1951, S. 32 ff.; *ders.*, Memory, Heredity and Information, in: J. Huxley (Hrsg.), Evolution as a process, 1954, S. 281 (292 ff.); *ders.*, A Model of the Brain, 1964.

[164] *D. Campbell*, Review of Model of the Brain, Canadian Journal of Psychology 19 (1965), S. 172.

[165] Etwa *J. Z. Young*, Learning and discrimination in the octopus, Biological Reviews 36 (1961), S. 32 ff.; *ders.*, The number and sizes of nerve cells in Octopus, Proceedings of the Zoological Society of London 140 (1963), S. 229 ff.; *ders.*, The buccal nervous system of Octopus, Philosophical Transactions of the Royal Society B (Biological Sciences) 249 (1965), S. 27 ff.; *ders.*, The central nervous system of Nautilus, Philosophical Transactions of the Royal Society B (Biological Sciences) 249 (1965), S. 1 ff.; *ders.*, The visceral nerves of Octopus, Philosophical Transactions of the Royal Society B (Biological Sciences) 253 (1967), S. 1 ff.; *ders.*, Neurovenous tissues in cephalopods, Philosophical Transactions of the Royal Society B (Biological Sciences) 257 (1970), S. 309 ff.; *ders.*, The anatomy of the Nervous System of Octopus vulgaris, 1971.

[166] *De Sio/Hanke/Ponte et al.* (Fn. 96), S. 4.

[167] Dazu unten IV., 2.; VI. 3. c).

[168] *De Sio/Hanke/Ponte et al.* (Fn. 96), S. 4.

[169] Dazu *Nixon/Young* (Fn. 80), S. 311.

[170] *De Sio/Hanke/Ponte et al.* (Fn. 96), S. 4.

Cephalopoden bleiben vor allem eine Nische der Grundlagenforschung.[171] Aus rechtswissenschaftlicher Sicht sind sie gerade deshalb interessant.[172]

### *a) Neurowissenschaften*

Im Mittelpunkt des Interesses stehen Cephalopoden in der Neurobiologie.[173] Cephalopoden haben trotz phylogenetischer Entfernung der Taxa koevolutionär in vielerlei Hinsicht analoge Leistungen des Nervensystems wie höher entwickelte Wirbeltiere hervorgebracht. Sie sind daher ideale Modellorganismen, die universellen Mechanismen, unter denen unter Selektionsdruck die Evolution des Gehirns bzw. von Intelligenz ablief, zu untersuchen.[174] Als weitere aktuelle Forschungsfelder mit Cephalopoden nennt ein Review-Beitrag, der Forschungsperspektiven auslotet, vor allem das evolutionsbiologische Verständnis der Phylogenese, die Erforschung der Genexpression und der Plastizität durch RNA-Editing, den Einsatz genomischer Instrumente, die Züchtung, das (bislang kaum verstandene) Immunsystem der Cephalopoden, die artspezifischen Auswirkungen des Klimawandels und nicht zuletzt das Tierwohl im Kielwasser der europäischen Tierschutzrechtsetzung.[175]

In der Neurowissenschaft entwickeln sich Cephalopoden zu möglichen Modellsystemen.[176] Bei einer Verwendung von Cephalopoden als Modell für kognitive Leistungen ist zwar zunächst einmal Vorsicht geboten. Zum einen geht es allgemein um sehr komplexe Bewertungen.[177] Schon das menschliche ZNS ist nur rudimentär verstanden.[178] Zum anderen muss sorgfältig – sowie im Vergleich mit anderen Arten – geprüft werden, ob sich bestimmtes Verhalten nicht einfacher als durch Intelligenz erklären lässt und welche Einflüsse soziale Interaktionen haben.[179] Gleichwohl

---

[171] *De Sio/Hanke/Ponte et al.* (Fn. 96), S. 2.

[172] Vgl. eingehend unten VI. 2. b), c) und d).

[173] *G. Fiorito/A. Affuso/P. Andrews et al.*, Cephalopods in neuroscience: regulations, research and the 3Rs, Invertebrate Neuroscience 14 (2014), S. 13 ff.; *O'Brien/Roumbedakis/Winkelmann* (Fn. 71), S. 10 ff.; *Moltschaniwskyj/Hall/Warnke et al.* (Fn. 102), S. 456. Themenübersicht bei *Huffard* (Fn. 118), S. 18. S. ferner *C. Derby*, Cephalopods and Neuroscience Go Arm in Arm in The Biological Bulletin, The Biological Bulletin 243 (2022), S. 5 ff.; *Hanlon/Vecchione/Allcock* (Fn. 134), S. 194 f.

[174] *O'Brien/Roumbedakis/Winkelmann* (Fn. 71), S. 12.

[175] *O'Brien/Roumbedakis/Winkelmann* (Fn. 71), S. 3–10.

[176] *Huffart* (Fn. 118), S. 11.

[177] Allgemein *Nicole C. Nelson*, Model Behavior: Animal Experiments, Complexity, and the Genetics of Psychiatric Disorders, 2018, S. 7 ff., 208.

[178] Vgl. *A. R. Martin/D. A. Brown/M. E. Diamond/A. Cattaneo/F. F. De-Migual*, From Brain to Neuron, 6. Aufl. (2021), S. 637 ff.

[179] *A. K. Schnell/P. Amodio/M. Boeckle/N. S. Clayton*, How intelligent is a cephalopod?, Lessons from comparative cognition, Biological Reviews 96 (2021), S. 162 (170 ff.).

ist gerade das Verständnis basaler Vorgänge neuronaler Ordnung von großem (und übergreifendem, mithin modellhaftem) Erkenntniswert.[180] Neuronale Prozesse sind geeignet, nicht nur Korrelationen im äußeren Verhalten aufzuzeigen, sondern auch inhaltlich sowie in ihrer Komplexität zu verstehen.[181] Mit dem Neuron fängt jedes Verständnis des Gehirns an.[182] Und auf der neuromolekularen Ebene gibt es viele Gemeinsamkeiten von Cephalopoden auch mit Vertebraten, die eine Eignung als Modell begründen können.[183] Gerade membranständige Ionenkanäle weisen evolutionsbiologisch eine starke Konservierung auf,[184] weshalb sie sich auch für vergleichende Forschung besonders gut eignen. Als Beispiele für Forschung mit Homologien zu nennen wären: der Transport von $K^+$- und $Na^+$-Kationen in den Membranen der Axone[185]; die Blockade der Natri-

---

[180] Vgl. allgemein zum Wert der Mustererkennung für eine (ggf. prädiktive) Evolutionsbiologie *I. Salazar-Ciudad*, Making evolutionary predicions about the structure of development and morphology, in: A. Minelli/G. Fusco (Hrsg.), Evolving Pathways: Key Themes in Evolutionary Developmental Biology, 2008, S. 31 (46 f.).

[181] *D. B. Edelman/A. K. Seth*, Animal consciousness: a synthetic approach, Trends in Neurosciences 32 (2009), S. 476 (477).

[182] *S. Mukherjee*, The Song of the Cell: An Exploration of Medicine and the New Human, 2022, S. 271.

[183] Zum viel schwierigeren Unterfangen, aus neuromolekularen Prozessen auch komplexe kognitive Zusammenhänge wie Verhalten, Gedächtnis usf. abzuleiten hier nur stellvertretend *M. Trimble/M. S. George*, Biological Psychiatry, 3. Aufl. (2010), S. 65 ff. Für eine verbreitete Skepsis etwa *R. Thompson*, Das Gehirn, 3. Aufl. (2010), S. 156: „Die Botschaft liegt eben nicht im jeweiligen Molekül". Das ist auf einer pragmatischen Ebene sicherlich nicht falsch, adressiert aber weniger ein grundsätzliches denn ein Komplexitätsproblem. Theoretische Reduzibiliät einerseits und praktische Grenzen reduktionistischer Erkenntnisperspektiven sind gerade bei hochkomplexen biologischen Systemen ubiquitär.

[184] Für den $Na^+$-Ionenkanal *J. E. Fux/A. Mehta/J. Moffat/J. D. Spafford*, Eukaryotic Voltage-Gated Sodium Channels: On Their Origins, Asymmetries, Losses, Diversification and Adaptations, Frontiers in Physiology 9 (2018), Article 1406, S. 1 (4 ff.); *B. J. Liebeskind/D. M. Hilli/H. H. Zakon*, Evolution of sodium channels predates the origin of nervous systems in animals, Proceedings of the National Academy of Sciences of the United States of America 108 (2011), S. 9154 ff.; *H. H. Zakon*, Adaptive evolution of voltage-gated sodium channels: The first 800 million years, Proceedings of the National Academy of Sciences of the United States of America 109 (2012), Supplement 1, S. 10619 ff.; allgemein *H. Ammer/H. Potschka*, Pharmakologie des Zentralen Nervensystems (ZNS), in: W. Löscher/A. Richter (Hrsg.), Lehrbuch der Pharmakologie und Toxikologie für die Veterinärmedizin, 4. Aufl. (2016), S. 125 (127 ff.); *M. Diener/B. Schröder*, Allgemeine Neurophysiologie, in: G. Breves/M. Diener/G. Gäbel (Hrsg.), Physiologie der Haustiere, 6. Aufl. (2022), S. 41 ff.; *W. A. Müller/S. Frings/F. Möhrlen*, Tier- und Humanphysiologie, 6. Aufl. (2019), S. 391 ff.

[185] Vgl. *U. Kishimoto/I. Inoue/I. Tsutsui/T. Ohkawa*, The detection and properties of electrogenic Na+–K+ transport in the squid axon membrane, in: N. J. Abbott (Hrsg.), Cephalopod Neurobiology: Neuroscience Studies in Squid, Octopus and Cuttlefish, 1995, S. 53 ff.

umionenkanäle in Axonen und damit der neuronalen Signalweiterleitung durch Tetrodotoxin[186].

Vergleiche mit entfernten Taxa (nicht zuletzt der Vertebrata) können z. B. Aufschluss geben über die evolutionäre Abhängigkeit oder Unabhängigkeit entstehender Intelligenz von bestimmten Strukturen neuronaler Vernetzung,[187] also der Grundlagenforschung dienen. Aussagekräftig für die neurowissenschaftliche Forschung ist vor allem ein vergleichend-evolutionsbiologischer Blick auf die Organisation des ZNS, insbesondere von Gehirnarealen, Zelltypen, Schaltkreisen und Transmittersystemen.[188] Ergänzend sei verwiesen auf die vergleichende Anatomie und Physiologie des Nervensystems[189] oder die komparative Untersuchung, inwieweit die neurochemischen Transmissionsstrukturen konserviert sind[190]. So wurden z. B. in einer Studie Cephalopoden als Kontrastorganismen zu Wirbeltieren (konkret: Vögeln) genutzt, um gerade durch die phylogenetische Distanz ein allgemeines Modell von Bewusstsein zu entwickeln.[191] Auch die (unterschiedlich leistungsstarken) Augen sind weiterhin Gegenstand biowissenschaftlicher Forschung.[192] Mitunter kann daraus sogar mittelbar Anwendungswissen entstehen. Eine Studie will beispielsweise das Potential der Nervensysteme der Mollusca als Modell vermessen, um allgemeine Erkenntnisse über die Wirksamkeit und Verträglichkeit von Anästhetika zu gewinnen.[193]

---

[186] Vgl. *M. Ichikawa/G. Matsumoto*, Tetrodotoxin affects sodium gating current in squid giant axon, in: N. J. Abbott (Hrsg.), Cephalopod Neurobiology: Neuroscience Studies in Squid, Octopus and Cuttlefish Cephalopod Neurobiology, 1995, S. 119 ff.

[187] *Schnell/Amodio/Boeckle/Clayton* (Fn. 131), S. 174. Vgl. anschaulich auch *D. H. Sanes/T. A. Reh/W. A. Harris*, Development of the Nervous System, 4. Aufl. (2019), S. 2 ff.

[188] Vgl. *R. K. Naumann/J. M. Ondracek/G. Laurent et al.*, The reptilian brain, Current Biology 25 (2015), S. R301 ff.

[189] Vgl. *I. Gibbins*, Comparative Anatomy and Evolution of the Autonomic Nervous System, in: S. Nilsson/S. Holmgren (Hrsg.), Comparative Physiology and Evolution of the Autonomic Nervous System, 1994, S. 1 ff.

[190] *S. Holmgren/J. Jensen*, Comparative Aspects on the Biochemical Identity of Neurotransmitters of Autonomic Neurons, S. Nilsson/S. Holmgren (Hrsg.), Comparative Physiology and Evolution of the Autonomic Nervous System, 1994, S. 69 ff.

[191] *Edelman/Seth* (Fn. 181), S. 476 ff.

[192] Vgl. hierzu stellvertretend *M. Bonadè/E. Ogura/L. Bonnaud-Ponticelli et al.*, Diversity of Light Sensing Molecules and Their Expression During the Embryogenesis of the Cuttlefish (Sepia officinalis), Frontiers in Physiology 11 (2020), Article 521989, S. 1 ff.: Entwicklungsbiologische Untersuchung der Genexpression von lichtsensiblen Molekülen in den Augen von Sepia; *A. Ogura/M. Yoshida/P. A. Tsonis et al.*, Loss of the six3/6 controlling pathways might have resulted in pinhole-eye evolution in Nautilus, Scientific Reports 3 (2013), Article 1432, S. 1 ff.: molekularbiologische Fundierung der Differenz zwischen Augen von Nautilus und anderen Cephalopoden durch divergente Genexpression.

[193] *R. Armstrong/S. Riaz/N. Syed*, Mechanisms of Anesthetic Action and Neurotoxicity: Lessons from Molluscs, Frontiers in Physiology 8 (2018), Article 1138, S. 1 ff. Vgl.

Das Max-Planck-Institut für Hirnforschung (Abteilung Neuronale Systeme) forscht mit Reptilien und Cephalopoden – konkret *Euprymna scolopes* und *Sepia officinalis* – über Funktion und Dynamik neuronaler Schaltkreise und nutzt den Artvergleich für eine neuroethologische und evolutionäre Perspektive.[194] Unter anderem wurden bzw. werden dort das Tarnungsverhalten und die kognitiv-visuelle Mustererkennung bei Tintenfischen untersucht.[195] Konkret werden die von Nerven gesteuerten reaktiven Musterveränderungen durch Chromatophore[196] als Proxy für dahinterliegende – steuernde – Prozesse der kognitiven Signalverarbeitung analysiert.[197]

### *b) Weitere Forschungsfelder*

Ungeachtet des starken Fokus auf die Neurowissenschaften gibt es natürlich auch biowissenschaftliche Grundlagenforschung, die andere Gegenstände hat, aber gleichwohl über spezifische zoologische Interessen an den einzelnen Spezies hinausgeht. Einige Beispiele für Forschungsinteressen sollen hier zur Illustration erwähnt werden, wie vielfältig die Erkenntnispotentiale sind, die sich hinter der Komplexität moderner Life Science verbergen:

Mit Blick auf die Verwertung als Nahrungsmittel wurden im Versuch die Auswirkungen einer Infektion von *Octopus vulgaris* mit Sporozoen über drei Monate beobachtet.[198] In einem anderen Fall wurden die molekularbiologischen Mechanismen der außergewöhnlichen regenerativen Fähigkeiten[199], insbesondere die Regeneration verlorener Arme[200] nach

---

auch die Untersuchung zur Anästhesie der Spitzschlammschnecke (Lymnaea stagnalis) *H. F. Moghadam/T. Yar/M. Munir M. Qazzaz/I. A. Ahmed/W. Winlow*, A Comparative Study of Cell Specific Effects of Systemic and Volatile Anesthetics on Identified Motor Neurons and Interneurons of Lymnaea stagnalis (L.), Frontiers in Physiology 10 (2019), Article 583, S. 1 ff.

194 https://brain.mpg.de/laurent/de (zuletzt abgerufen am 26.5.2023).

195 *S. Reiter/G. Laurent*, Visual perception and cuttlefish camouflage, Current Opinion in Neurobiology 60 (2020), S. 47 ff.

196 Zu reduktionistischen Ansätzen, die begrenzte Zahl der Muster zu erfassen und zu mathematisieren s. *Mather/Alupay* (Fn. 2), S. 121.

197 Auskunft von MPI-Direktor Professor Dr. *Gilles Laurent* im Gespräch v. 28.3.2023.

198 *J. A. Smith/P. L. R. Andrews/L. Dickel et al.*, Cephalopod research and EU Directive 2010/63/EU: Requirements, impacts and ethical review, Journal of Experimental Marine Biology and Ecology 447 (2013), S. 31 (40).

199 *D. Staaf*, Humane studies of octopuses get a boost, Science 360 (2018), Nr. 6384, S. 14 (14).

200 Zum Wissensstand zusammenfassend *P. Imperadore/G. Fiorito*, Cephalopod Tissue Regeneration: Consolidating Over a Century of Knowledge, Frontiers of Physiology 9 (2018), Article 593, S. 1 ff.

Amputation, untersucht.[201] Im Fall der Armamputation beim Oktopus wurde für den Versuch angeführt, dass sich mit Grundlagenforschung die Hoffnung verbinde, am Ende auch Erkenntnisse zur möglichen Regeneration von Gewebe beim Menschen zu erlangen.[202] Ob entfernte Analogien hier tatsächlich Aussichten auf translationale Erkenntnis bieten? Weitere Felder wären das Studium von Alterungsprozessen;[203] die Beobachtung von Kommunikationsprozessen;[204] die Beobachtung der muskulären Hydrostatik als Vorbild für die Weichkörperrobotik[205]. Cephalopoden haben sich zudem als interessantes Forschungsfeld für die Ökotoxikologie erwiesen[206], etwa über Untersuchungen, wie sich Muster über Chromatophoren verändern und insoweit als ökotoxikologischer Indikator fungieren können[207]. Und das allgemeine ökologische Grundsatzproblem des Klimawandels berührt natürlich auch die Cephalopodenforschung.[208]

Selbst medizinisches Wissen außerhalb der Neurologie kann durch Cephalopodenforschung befördert werden. Der bereits erwähnte ausgewachsene Zwergtintenfisch *Euprymna scolopes* benutzt bei seiner Futter-

---

[201] *Smith/Andrews/Dickel et al.* (Fn. 198), S. 42. Siehe für ein weiteres Feld der Erforschung der Regenerationsfähigkeit anhand von sehr entfernten Arten jüngst den Werkstattbericht bei *L. Tetsch*, Exoten am Meeresboden, Laborjournal 4/2023, S. 28 f.: Modellarten der *Pycnogonida* (marine Asselspinnen).

[202] *Smith/Andrews/Dickel et al.* (Fn. 198), S. 42. Die meisten Phyla der Metazoen kennen eine begrenzte Regeneration im Erwachsenenalter, ohne dass die Mechanismen dahinter bislang zureichend untersucht wären. Vgl. *A. Sánchez Alvarado*, Regeration in Metazoa, in: B. K. Hall/W. M. Olson (Hrsg.), Keywords & Concepts in Evolutionary Developmental Biology, 2006, S. 318 ff. Bei Vertebraten ist diese Fähigkeit allerdings nur noch sehr unvollkommen vorhanden. Es wird vermutet, dass die Regeneration komplexer Organe evolutionsbiologisch keinen hinreichenden Vorteil geboten hat. Vgl. *Tetsch* (Fn. 201), S. 28.

[203] *M. M. Holst/C. M. Hauver/R. J. Crook et al.*, Behavioral changes in senescent giant Pacific octopus (Enteroctopus dofleini) are associated with peripheral neural degeneration and loss of epithelial tissue, Comparative Biochemistry and Physiology Part A: Molecular & Integrative Physiology 271 (2022), Nr. 111263; *Smith/Andrews/Dickel et al.* (Fn. 198), S. 43.

[204] *Smith/Andrews/Dickel et al.* (Fn. 198), S. 44.

[205] *Mather/Alupay* (Fn. 2), S. 122.

[206] *A. P. Rodrigo/P. M. Costa*, The Role of the Cephalopod Digestive Gland in the Storage and Detoxification of Marine Pollutants, Frontiers of Physiology 8 (2017), Article 232, S. 1 ff., insbesondere zum System der Cytochromoxidasen. Zum Vorhandensein von Cyp450-Oxidasen in Mollusca *H.-R. Köhler/W. Kloas/G. Schönfelder et al.*, Sex steroid receptor evolution and signalling in aquatic invertebrates, Ecotoxicology 16 (2007), S. 131 (133 f.).

[207] *Gouveneaux/Minet/Bellanger et al.* (Fn. 63), S. 1 ff.

[208] Vgl. zu Folgen und Resilienz *É. Moura/M. Pimentel/R. Rosa et al.*, Cuttlefish Early Development and Behavior Under Future High $CO_2$ Conditions, Frontiers in Physiology 10 (2019), Article 975, S. 1 ff.

suche Biolumineszenz, die er als Tarnung im Gegenlicht[209] einsetzt.[210] Das Licht erzeugt er nicht selbst; die Enzyme, die für die Reaktion benötigt werden, liefern Bakterien der – ihrerseits als maritimer Modellorganismus etablierten[211] – Art *Vibrio fischeri*, die durch horizontale Übertragung in besonderen Lichttaschen des Mantels angesiedelt werden.[212] Der Tintenfisch wurde damit zum einen zur Modellart für Symbiosen zwischen Tieren und Bakterien.[213] Vibrionen sind zum anderen für Menschen und Tiere durchweg pathogen (*Vibrio cholerae* ist beispielsweise der Erreger der lebensgefährlichen Cholera[214]). *Euprymna scolopes* ist relativ einfach nachzuzüchten und seine DNA wurde vollständig sequenziert; der Tinten-

---

[209] Um den Schatten gegen das von oben einfallende Licht gegenüber Prädatoren auszugleichen, die sich von unten nähern. S. *R. Harper/J. Case*, Disruptive counterillumination and its anti-predatory value in the plainfish midshipman Porichthys notatus, Marine Biology 134 (1999), S. 529 ff.; *R. E. Young/C. F. Roper*, Bioluminescent countershading in midwater animals: evidence from living squid, Science 191 (1976), S. 1046 ff.

[210] S. *B. W. Jones/M. K. Nishiguchi*, Counterillumination in the Hawaiian bobtail squid, Euprymna scolopes Berry (Mollusca: Cephalopoda), Marine Biology 144 (2004), S. 1151 ff.

[211] Vgl. *R. Lami/R. Grimaud/S. Sanchez-Brosseau et al.*, Marine Bacterial Models for Experimental Biology, in: A. Boutet/B. Schierwater (Hrsg.), Handbook of Marine Model Organisms in Experimental Biology: Established and Emerging, 2021, S. 1 (3 f.).

[212] Dazu *K. J. Boettcher/E. G. Ruby/M. J. McFall-Ngai*, Bioluminescence in the symbiotic squid Euprymna scolopes is controlled by a daily biological rhythm, Journal of Comparative Physiology A 179 (1996), S. 65 ff.; *S. M. Peyer/M. S. Pankey/T. H. Oakley/M. J. McFall-Ngai*, Eye-specification genes in the bacterial light organ of the bobtail squid Euprymna scolopes, and their expression in response to symbiont cues, Mechanisms of Development 131 (2014), S. 111 ff. (zur Molekular- und Entwicklungsbiologie); zur Veränderung des Proteoms *J. D. Lemus/M. McFall-Ngai*, Alterations in the Proteome of the Euprymna scolopes Light Organ in Response to Symbiotic Vibrio fischeri, Applied and Environmental Biology 66 (2000), S. 4091 ff. Tintenfischbrut befindet sich noch im asymbiontischen Stadium und muss erst Bakterienzellen von *V. fischeri* aus dem Plankton filtern sowie in den Lichtorganen ansiedeln. Eingehend zum Prozess, der *winnowing* („Worfeln“) getauft wurde: *J. A. Schwartzman/E. G. Ruby*, A conserved chemical dialog of mutualism: lessons from squid and vibrio, Microbes and Infection 18 (2016), S. 1 ff. Für eine Laborhaltung muss hierzu natürliches Meerwasser, das Vibrionen enthält, zugegeben werden, um eine Ansiedlung zu ermöglichen. Im Frankfurter MPI, an dem mit *Euprymna scolopes* geforscht wird, ist dies nicht erfolgt, weil man erstens kein Forschungsinteresse an dieser Symbiose hat, die neurowissenschaftlich keine Relevanz hat, und zweitens mit aufbereitetem künstlichen Seewasser unter kontrollierten Bedingungen arbeitet. So die Auskunft des Direktors *Gilles Laurent* auf meine Nachfrage im Gespräch v. 28.3.2023.

[213] *Hanlon/Vecchione/Allcock* (Fn. 134), S. 209. Zur evolutionsbiologischen Bedeutung *M. Belcaid/G. Casaburi/S. V. Nyholm et al.*, Symbiotic organs shaped by distinct modes of genome evolution in cephalopods, Proceedings of the National Academy of Science 116 (2019), S. 3030 ff.

[214] Dazu etwa *M. L. Bennish*, Cholera: Pathophysiology, Clinical Features, and Treatment, in: K. Wachsmuth/P. A. Blake/O. Olsvik (Hrsg.), Vibrio cholerae and cholera: Molecular to global perspectives, 1994, S. 227 ff.

fisch wird daher als Hoffnungsträger angesehen, mögliche Mechanismen der Toleranz[215] gegenüber Vibrionen im Allgemeinen zu erforschen.[216]

### c) *Zwischenbilanz*

Dass Forschung mit Cephalopoden in erster Linie artspezifischen Interessen diene,[217] ist nach alledem keineswegs ausgemacht. Vergleichende oder evolutionsbiologische Forschung kann – ebenso wie Forschung an stark konservierten Mikrostrukturen – modellierten Forschungsinteressen dienen, die über die konkrete Spezies hinausgreifen und zum Erkenntnisprozess der biologischen oder biomedizinischen Grundlagenforschung beitragen. Wann aus Grundlagenwissen dann vielleicht auch einmal translationales Wissen entsteht, ist aufgrund der Kontingenz und strukturellen Ungerichtetheit von Forschung ohnehin kaum vorhersehbar.[218] Vergleiche über Artgrenzen hinweg eröffnet vor allem Perspektiven auf Veränderungsprozesse und Dynamiken, vermitteln mithin ein evolutives Profil.[219] Dessen Wert ist aber kaum zu überschätzen, weil Differenz oftmals Zusammenhänge besser sichtbar machen kann als Punktperspektiven, deren hintergründige Kausalität mitunter weitgehend opak bleibt.

Die meisten Cephalopoden werden als Eier oder als Lebendexemplare wild gefangen, weil eine kontinuierliche Aufzucht in Gefangenschaft nicht praktikabel ist. Damit scheidet dann aber auch die im Bereich der Labortiere übliche Züchtung unter Verwendung gentechnischer Methoden (transgene, genmodifizierte oder Knock-Out-Tiere) aus, die bei Standardtieren wie Mäusen dort bereits die Mehrheit der Versuchstiere ausma-

---

[215] Zur differenzierten Wirtsempfänglichkeit S. *H. Richardson*, Host Susceptibility, in: K. Wachsmuth/P. A. Blake/O. Olsvik (Hrsg.), Vibrio cholerae and cholera: Molecular to global perspectives, 1994, S. 273 ff.

[216] *Hanlon/Vecchione/Allcock* (Fn. 134), S. 209. Eingehend *S. J. McAnulty/S. V. Nyholm*, The Role of Hemocytes in the Hawaiian Bobtail Squid, Euprymna scolopes: A Model Organism for Studying Beneficial Host – Microbe Interactions, Frontiers in Microbiology 7 (2017), Article 2013, S. 1 ff.

[217] So *De Sio/Hanke/Ponte et al.* (Fn. 96), S. 2.

[218] Zu den Schwierigkeiten insbesondere auch der Berücksichtigung von Tiermodellen s. *J. von Engelhardt*, Die Bedeutung der Grundlagenforschung für die translationale Forschung, in: M. Wübbeler/K. Lippmann/D. Wünsch/D. Docter (Hrsg.), Lost in Translation?, Translationsforschung in den Lebenswissenschaften, 2019, S. 97 ff. (insbesondere 100 ff.). Die Eignung der Tierversuche wird immer wieder angezweifelt, etwa aufgrund der zu geringen Leistungsfähigkeit, toxische Wirkungen vorklinisch vorherzusehen. Vgl. jüngst *L. J. Marshall/J. Bailey/F. Pistollato et al.*, Poor Translatability of Biomedical Research Using Animals – A Narrative Review, Alternatives to Laboratory Animals 51 (2023), S. 102 ff.

[219] *A. Currie*, Comparative Thinking in Biology, 2021, S. 65 f.

chen.[220] Auch homogene Zuchtlinien sind insoweit nicht zu haben. Bei den wenigen Arten, die unter Laborbedingungen gezüchtet werden können (wie dem Zwergen *Euprymna scolopes*) wird gegenwärtig daran gearbeitet, geeignete virale Vektoren zur Veränderung des Erbguts zu entwickeln.[221]

Alle 28 Phyla der Bilateria haben ein Nervensystem und die meisten aggregierten Nervenzellen folgen einem komplexen Ordnungsmuster, das im weiteren Sinne einem Gehirn entspricht.[222] Insoweit kann neurowissenschaftliche Forschung Erkenntnisse über strukturelle Gemeinsamkeiten, aber auch über Unterschiede neuronaler Organisation liefern, die sich im Zuge der Evolution aufgrund genetisch stark konservierter Grundbausteine, aber evolutionsbiologisch frühzeitig getrennter Phylogenese ausdifferenziert hat. Moderne Ansätze der Evolutionären Entwicklungsbiologie[223] können hierbei den Blick auf Musterbildungen und die modularen Bausteine des Nervensystems ausschärfen, ohne deren Verfügbarkeit eine jedenfalls zum Teil konvergente Evolution von kognitiven Gehirnleistungen kaum denkbar gewesen wäre. Solche Grundlagenforschung im besten Sinne mag dann gegebenenfalls auch zum neurowissenschaftlichen Hintergrundwissen beitragen, die Pathologie des Nervensystems besser zu verstehen. Translationale Erkenntnisse bleiben – wie immer – zwar nur ein Silberstreif der Hoffnung am Horizont einer ihrerseits evolutiven Wissenschaft. Verständnis für scheinbar Fremdartiges verrät aber erfahrungsgemäß ohnehin nicht wenig über das eigene Selbstbild, Differenz nach außen schärft den Blick nach innen. So gesehen sind biowissenschaft-

---

[220] Vgl. *M. Balls*, The Increasing Use of Genetically-altered Animals Threatens the Credibility of Directive 2010/63/EU, Alternatives to Laboratory Animals 41 (2013), S. 199 (200). Siehe anschaulich zu diesen Modellen und Techniken experimenteller Manipulation *P. A. Arguello/J. A. Gogos*, Modeling Madness in Mice: One Piece at a Time, Neuron 52 (2006), S. 179 (185); *J. R. Braun/T. E. Willnow*, Die „Knockout"-Maus als Krankheitsmodell, Deutsches Ärzteblatt 93 (1996), S. A-1765 ff.; *S. Chen/B. Lee/A. Y.-F. Lee/A. J. Modzelewski/L. He*, Highly Efficient Mouse Genome Editing by CRISPR Ribonucleoprotein Electroporation of Zygotes, Journal of Biochemistry 291 (2016), S. 14457 ff.; *J. F. Cryan/A. Holmes*, The ascent of mouse: advances in modelling human depression and anxiety, Nature Reviews Drug Discovery 4 (2005), S. 775 (787); *B. Pintado/M. von Roon*, Creation of Genetically Modified Animals, in: B. Howard/T. Nevalainen/G. Perretta (Hrsg.), The COST Manual of Laboratory Animal Care and Use, 2011, S. 179 ff.; *A. Slattery/J. F. Cryan*, The Ups and Downs of Modelling Mood Disorders in Rodents, Institute for Laboratory Animal Research Journal 55 (2014), S. 297 (301); *K. R. Thomas/M. R. Capecchi*, Site-directed mutagenesis by gene targeting in mouse embryo-derived stem cells, Cell 51 (1987), S. 503 ff.

[221] Auf meine Nachfrage erteilte Auskunft durch *Gilles Laurent* im Gespräch v. 28.3.2023.

[222] *L. I. Held*, Deep Homology?, Uncanny Similarities of Humans and Flies Uncovered by Evo-Devo, 2017, S. 37.

[223] Oben II. 2., S. 14 ff.

liche Experimente mit Cephalopoden gerade in ihrer lediglich scheinbar peripheren Positionierung ein besonders plastischer Referenzfall für den Eigenwert von Grundlagenforschung, die ihre Erkenntnispotentiale nur zu entfalten vermag, wenn sie nicht durch unmittelbare Nutzenerwartungen konditioniert wird und den Geist des Unkonventionellen nicht verliert.

## IV. Einbeziehung in das Tierschutzrecht

Welche Tiere in den Anwendungsbereich des Tierschutzrechts – in Sonderheit des hier behandelten Tierversuchsrechts – fallen sollen, ist eine Frage normativer Setzung. Sie sollte zwar – schon um der Binnenrationalität des Tierschutzes zu genügen – auf Tatsachenannahmen gründen, die biowissenschaftlich valide sind, muss diese aber auch in ein komplexes Setting ethischer Erwägungen einbeziehen.[224] Nicht immer steht das Fachwissen bereits zur Verfügung, das man für eine angemessene Bewertung benötigt, ob und wie Tiere durch Experimente belastet werden.[225] Warum Cephalopoden zum Schutzobjekt des europäischen Tierschutzrechts wurden, ist alles andere als klar, obgleich es Vorarbeiten gab, die offensiv die kognitiven Fähigkeiten von Cephalopoden und deren Schutzbedarf betonten[226]. Große praktische Bedeutung hatten Tierversuche mit solchen Spezies bis zum Erlass der EU-Tierversuchsrichtlinie im Jahr 2010 nicht. Bis zum Ablauf der Umsetzungsfrist der Richtlinie wurden etwa 370 Veröffentlichungen verzeichnet, die auf Tierversuchen mit Cephalopoden beruhten.[227] Das Wissen um die kognitiven Fähigkeiten war und ist hierbei immer noch begrenzt.

---

[224] *J. W. Yeates*, Ascribing Sentience: Evidential and Ethical Considerations in Policymaking, Animals 12 (2022), Article 1893, S. 1 (4): „Ascribing sentience is not a simple matter of science or fact. It is a policy question. It is about what animals we treat as sentient, and it is about how we decide to make ascriptions. As a policy question it has both an evidential and a normative basis. What evidence exists, and its reliability, are evidential questions that can be addressed scientifically. However, what evidence to use and acquire, and how and how far to apply it, are ethical questions".

[225] *Yeates* (Fn. 224), S. 4 f.

[226] Einflussreich vor allem das Werk von *Jennifer Mather*, einer Biologin und Psychologin, die einen Forschungsschwerpunkt auf das Empfinden von Invertebraten gelegt hat. Vgl. insbesondere *J. A. Mather*, Animal suffering: an invertebrate perspective, Journal of Applied Animal Welfare Science 4 (2001), S. 151 ff.; *dies.*, Behaviour development: A cephalopod perspective. International Journal of Comparative Psychology 19 (2006), S. 98 ff.; *dies.*, Cephalopod consciousness: Behavioral evidence, Consciousness and Cognition 17 (2008), S. 37 ff.; *dies./R. C. Anderson*, Ethics and invertebrates: a cephalopod perspective. Diseases of Aquatic Organisms 75 (2007), Special Issue, S. 119 ff.

[227] *Smith/Andrews/Dickel et al.* (Fn. 198), S. 34.

### *1. Richtlinienerlass und Motiv der Schutzerweiterung*

Manche Staaten hatten Cephalopoden bereits früher in die geschützten Arten des Tierversuchsrechts einbezogen, der maßgebliche Impuls für einheitliche Standards ging aber vom Unionsrecht aus. Der wissenschaftsinhärente Impact dürfte hierbei weiter reichen als der Geltungsbereich des Unionsrechts, weil sich Fachzeitschriften[228] auch außerhalb der Europäischen Union verbreitet die Standards im Annahmeverfahren zu eigen machen.[229] Die ursprüngliche Tierversuchsrichtlinie aus dem Jahr 1986 beschränkte ihren Anwendungsbereich auf Wirbeltiere (Art. 2 lit. a RL 86/609/EWG[230]). Mit der Ablösung der Richtlinie im Jahr 2010 durch die geltende Tierversuchsrichtlinie, die zwar den Erfahrungen mit Tierversuchen unter dem früheren Regelungswerk Rechnung trug, aber viele praktische Fragen ungelöst ließ und auf künftige Nachkonturierung vertraute,[231] kamen plötzlich „lebende Kopffüßer" (so der deutsche Richtlinientext) in den Schutzbereich (Art. 1 Abs. 3 lit. b RL 2010/63/EU[232]). Auch Larven werden von der Richtlinie erfasst.[233] Die RL 2010/63/EU markiert hierbei eines der striktesten Tierschutzregimes weltweit.[234]

Cephalopoden werden im Schutzniveau und Schutzinhalt den Vertebraten vollständig gleichgestellt,[235] und zwar trotz der sehr grundsätzlichen Unterschiede in Physiologie und neuronaler Organisation. Die präzisen Gründe für diese Schutzerweiterung bleiben freilich opak. Für die Interpretation von Rechtsakten der Europäischen Union werden maßgeblich die Erwägungsgründe herangezogen,[236] die amtlicher Bestandteil

---

[228] Zu deren mittelbarer Betroffenheit *Fiorito/Affuso/Andrews et al.* (Fn. 100), S. 17.

[229] *G. Di Cristina/P. Andrews/G. Ponte/V. Galligioni/G. Fiorito*, The impact of Directive 2010/63/EU on cephalopod research, Invertebrate Neuroscience 15 (2015), Article 8, S. 1 (1).

[230] Richtlinie 86/609/EWG des Rates v. 24.11.1986 zur Annäherung der Rechts- und Verwaltungsvorschriften der Mitgliedstaaten zum Schutz der für Versuche und andere wissenschaftliche Zwecke verwendeten Tiere (ABl. L 358, 1).

[231] *M. Chlebis/J. Guillen/J.-B. Prins*, Directive 2010/63/EU: facilitating full and correct implementation, Laboratory Animals 50 (2016), S. 151.

[232] Richtlinie 2010/63/EU des Europäischen Parlaments und des Rates v. 22.9.2010 zum Schutz der für wissenschaftliche Zwecke verwendeten Tiere (ABl. L 276, S. 33).

[233] *Huffard* (Fn. 118), S. 19.

[234] *E. Codecasa/P. Pageat/M. Marcet-Rius/A. Cozzi*, Legal Frameworks and Controls for the Protection of Research Animals: A Focus on the Animal Welfare Body with a French Case Study, Animals 11 (2021), Article 695, S. 1 (11).

[235] *Fiorito/Affuso/Andrews et al.* (Fn. 100), S. 15.

[236] Vgl. *EuGH*, Urt. v. 10.1.2006 – C-344/04 (The Queen/Department of Transport), Slg. 2006, I-403, Rn. 76; Urt. v. 16.12.2008 – C-524/06 (Huber), EU:C:2008:724 Rn. 50; Urt. v. 19.2.2009 – C-228/06 (Soysal u. a.), EU:C:2009:101 Rn. 53; Urt. v. 20.1.2009 – C-240/07 (Sony Music Entertainment), EU:C:2009:19 Rn. 23, 34; Urt. v. 5.3.2009 – C-222/07 (UTECA), EU:C:2009:124 Rn. 23, 28; Urt. v. 17.9.2009 – C-347/08 (Vorarl-

des Rechtstextes (vgl. Art. 296 Abs. 2 AEUV)[237] sind. Zur Erweiterung der geschützten Taxa auf Cephalopoden findet sich indes lediglich eine einzige und apodiktisch abgefasste Passage (Erwägungsgrund 8):

„Neben Wirbeltieren, zu denen Rundmäuler gehören, sollten auch Kopffüßer in den Geltungsbereich dieser Richtlinie aufgenommen werden, da es wissenschaftliche Belege dafür gibt, dass sie Schmerzen, Leiden und Ängste empfinden sowie dauerhafte Schäden erleiden können."

Die Erweiterung des Anwendungsbereich ist also Folge eines – allgemein zur zentralen Matrix des Tierschutzes avancierten[238] – Konzepts von Empfindungsvermögen,[239] also einer zugeschriebenen Fähigkeit von Tieren, Schmerz, Leiden oder Unbehagen zu empfinden[240]. Insoweit wird auch künftigen rechtspolitischen Reformen der Richtlinie konsequent die Richtung gewiesen. Die Richtlinie soll Tiere artspezifisch danach schützen, ob ihnen negatives Empfindungsvermögen zugeschrieben werden kann.

Der Tierwohlausschuss der Europäischen Agentur für Lebensmittelsicherheit lieferte 2005 (auf Anfrage der Europäischen Kommission) eine vertiefende Begründung, nach welchen Kriterien der – normativ seinerzeit bereits seit fünf Jahren etablierte – Schutz der Cephalopoden geboten sei. Im Wesentlichen stützte sich der Ausschuss auf folgende Argumente: Cephalopoden verfügten über ein Nervensystem, mit dem sie Stress und Schmerz wahrnehmen, hätten ein komplexes Gehirn, ein elaboriertes Kommunikationssystem und zeigten anspruchsvolle kognitive Fähigkeiten (wie Lernen, Gedächtnis,[241] hohe Rezeptorendichte für Reizwahr-

---

berger Gebietskrankenkasse), EU:C:2009:561 Rn. 36, 40; Urt. v. 4.2.2016 – C-659/13 und C-34/14 (C & J Clark International und Puma), ECLI:EU:C:2016:74 Rn. 65 f.; *R. Stotz*, Die Rechtsprechung des EuGH, in: K. Riesenhuber (Hrsg.), Europäische Methodenlehre, 4. Aufl. (2021), § 20 Rn. 10, 17. Eingehend und differenziert *T. Gumpp*, Stellenwert der Erwägungsgründe in der Methodenlehre des Unionsrechts, ZfPW 2022, S. 446 ff.

[237] Der Gerichtshof hat dies näher dahingehend konkretisiert, dass die vorgeschriebene Begründung dem Regelungsgehalt des Rechtsakts angepasst sein und „die Überlegungen des Organs, das den Rechtsakt erlassen hat, so klar und eindeutig zum Ausdruck bringen, dass die Betroffenen ihr die Gründe für die erlassene Maßnahme entnehmen können und das zuständige Gericht seine Kontrollaufgabe wahrnehmen kann", so EuGH, Urt. v. 5.3.2015 – C-667/13 (Banco Privado Português), EU:C:2015:151 Rn. 44; Urt. v. 17.3.2016 – C-232/14 (Portmeirion Group), ECLI:EU:C:2016:180 Rn. 53.

[238] *D. M. Broom*, Cognitive ability and sentience: Which aquatic animals should be protected?, Diseases of Aquatic Organisms 75 (2007), S. 99 ff.; *H. Browning/W. Veit*, The sentience shift in animal research, The New Bioethics 28 (2022), S. 299 ff.

[239] *Browning/Veit* (Fn. 238), S. 300, 301 f.; *A. Berry/A. Vitale/C. Carere/E. Alleva*, EU guidelines for the care and welfare of an „exceptional invertebrate class" in scientific research, Annali Istituto Superiore di Sanità 51 (2015), S. 267 (267, 268).

[240] *Berry/Vitale/Carere/Alleva* (Fn. 239), S. 268.

[241] *Scientific Panel on Animal Health and Welfare* (Hrsg.), Opinion of the Scientific Panel on Animal Health and Welfare on a request from the Commission related to the

nehmung,[242] komplexes [Sozial-]Verhalten[243]).[244] Leidensfähigkeit wird einerseits angenommen,[245] andererseits aber auch als bloße Möglichkeit beschrieben, Stress und Schmerz wahrzunehmen.[246] Verwiesen wird darauf, dass Cephalopoden bei Stress Noradrenalin und Dopamin als Hormone[247] in den Blutkreislauf[248] ausschütten.[249] Das sind freilich biogene Amine, die als Hormone sowie als Neurotransmitter verbreitet sind und physiologisch unterschiedliche Funktionen erfüllen können. Schon bei den Nautiloideen[250] wurde der Ausschuss schmallippig und verwies darauf, dass nicht sicher sei, welche Wahrnehmungsfähigkeit diese hätten.[251]

---

„Aspects of the biology and welfare of animals used for experimental and other scientific purposes" v. 14.11.2005 (EFSA-Q-2004-105), The EFSA Journal 292 (2005), S. 1 (66, 68).

[242] *Scientific Panel on Animal Health and Welfare* (Fn. 241), S. 68.

[243] *Scientific Panel on Animal Health and Welfare* (Fn. 241), S. 62.

[244] *Scientific Panel on Animal Health and Welfare* (Fn. 241), S. 2, 15.

[245] *Scientific Panel on Animal Health and Welfare* (Fn. 241), S. 3.

[246] *Scientific Panel on Animal Health and Welfare* (Fn. 241), S. 25, 62: „potential to experience pain and distress".

[247] Das entspricht vor allem dem Adrenalin in der Blutbahn der Säugetiere. Die bezeichneten Amine sind aber – wie beim Menschen – auch bei Cephalopoden Neurotransmitter. Eine ältere Untersuchung hat als Neurotransmitter identifiziert: Acetylcholin, Katecholamine (Dopamin, Noradrenalin), Serotonin. Vgl. *E. M. Tansey*, Neurotransmitters in the cephalopod brain, Comparative Biochemistry and Physiology Part C: Comparative Pharmacology 64 (1979), S. 173 ff.; ferner (unter Einschluss von Octopamin) *P. L. R. Andrews/J. B. Messenger/E. M. Tansey*, Colour Changes in Cephalopods after Neurotransmitter Injection into the Cephalic Aorta, Proceedings of the Royal Society of London. Series B, Biological Sciences 213 (1981), S. 93 ff. Siehe aus jüngerer Zeit für Serotonin *T. Wollesen/C. Sukhsangchan/A. Wanninger et al.*, Analysis of neurotransmitter distribution in brain development of benthic and pelagic octopod cephalopods, Journal of Morphology 273 (2012), S. 776 ff. Ergänzend scheint auch Glutamat als Neurotransmitter zu dienen, vgl. *A. Di Cosmo/C. Di Cristo/J. B. Messenger*, L-Glutamate and its Ionotropic Receptors in the Nervous System of Cephalopods, Current Neuropharmacology 4 (2006), S. 305 ff.

[248] Anders als Arthropoden und andere Mollusca haben Cephalopoden ein weitgehend geschlossenes Blutkreislaufsystem mit einer Hämolymphe und dem Sauerstoffüberträger Hämocyanin. Vgl. *Boyle/Rodhouse* (Fn. 2), S. 20 f.; *S. Castellanos-Martínez/A. P. Diz/P. Álvarez-Chaver/C. Gestal*, Proteomic characterization of the hemolymph of Octopus vulgaris infected by the protozoan parasite Aggregata octopiana, Journal of Proteomics 105 (2014), S. 151 ff.; *T. Sakamoto/S. Ogawa/H. Sakamoto et al.*, Osmotic/ionic status of body fluids in the euryhaline cephalopod suggest possible parallel evolution of osmoregulation, Scientific Reports 5 (2015), Article 14469, S. 1 ff.; *von Salvini-Plawen* (Fn. 2), S. 350.

[249] *Scientific Panel on Animal Health and Welfare* (Fn. 241), S. 73, unter Bezugnahme auf *S. K. Malham/A. Lacoste/F. Gelebart/A. Cueff/S. A. Poulet*, A first insight into stressinduced neuroendocrine and immune changes in the octopus Eledone cirrhosa, Aquatic Living Resources 15 (2002), S. 187 ff.

[250] Zu diesen *Nixon/Young* (Fn. 80), S. 35 ff.

[251] *Scientific Panel on Animal Health and Welfare* (Fn. 241), S. 15. Eine Untersuchung der Embryonalentwicklung von *Euprymna scolopes* hat gezeigt, dass die em-

## 2. *Epistemische Unsicherheit, Nozizeption, Vorsorge und Fiktion*

Hierbei steht vieles auf unsicherem Boden. Bereits die Integration einer ganzen Klasse mit über 800 Arten *en bloc* in das Tierschutzrecht ist aufgrund der großen Heterogenität in Ökologie, Physiologie und Verhalten eine große Herausforderung.[252] Noch vor 10 Jahren wurde – anlässlich der Tierschutzgesetzgebung, die sich den Cephalopoden zuwandte – festgestellt, dass zwar einerseits die Komplexität und Leistungsfähigkeit der Nervensysteme von Cephalopoden bekannt sei, andererseits aber kaum etwas über das Vorhandensein und die Funktionsweise eines nozizeptiven Systems[253], das die Wahrnehmung von Schmerz in der Peripherie ermöglicht.[254] Zwei Studien – eine am Kalmar *Doryteuthis (Loligo) pealeii* und eine am Oktopus *Abdopus aculeatus* – konnten zwar das Vorhandensein von Nozizeptoren sowie eine afferente Weiterleitung von Reizen (namentlich Kneifen mit Pinzette) an das Zentrum nachweisen, wiesen aber zugleich auf die Unsicherheiten in der Bewertung hin und stellten klar, dass die belegte nozizeptive Reizweiterleitung nichts darüber aussage, wie Cephalopoden diese Reize verarbeiten und ob sie ein vergleichbares Schmerzempfinden wie Säugetiere haben.[255] Es geht insoweit um verschiedene Abstraktionsebenen neurobiologischer Organisation:[256] die bloße Wahrnehmung von Reizen und deren Verarbeitung bei der Steuerung

---

bryonale Gehirnentwicklung ein Stadium durchläuft, das dem der ausgewachsenen Nautiloideen ähnlich ist. Vgl. *Kerbl/Handschuh/Wanninger et al.* (Fn. 118), S. 144. Zur Einordnung von Nautilus und deren kognitiver Distanz zu anderen Mollusca *Basil/Crook* (Fn. 22), S. 48.

[252] *Di Cristina/Andrews/Ponte/Galligioni/Fiorito* (Fn. 229), S. 2.

[253] Zu diesem physiologisch nur *S. Böhm*, Nozizeptives System, in: M. Freissmuth/S. Offermanns/S. Böhm (Hrsg.), Pharmakologie und Toxikologie, 3. Aufl. (2020), S. 273 ff.

[254] *R. J. Crook/R. T. Hanlon/E. T. Walters*, Squid Have Nociceptors That Display Widespread Long-Term Sensitization and Spontaneous Activity after Bodily Injury, The Journal of Neuroscience 33 (2013), S. 10021 (10021). Eine weitere Studie weist nach, dass Verletzungen beim Tintenfisch *Doryteuthis pealeii* dazu führen, dass sich das Gruppenverhalten ändert und Individuen eher Schutz im Schwarm finden. S. *M. Oshima/T. di Pauli von Treuheim/R. J. Crook et al.*, Peripheral injury alters schooling behavior in squid, Doryteuthis pealeii, Behavioural Processes 128 (2016), S. 89 ff.

[255] *J. S. Alupaya/S. P. Hadjisolomoub/R. J. Crook*, Arm injury produces long-term behavioral and neural hypersensitivity in octopus, Neuroscience Letters 558 (2014), S. 137 (139 f.); *Crook/Hanlon/Walters* (Fn. 254), S. 10024 f.; ähnlich *Di Cristina/Andrews/Ponte/Galligioni/Fiorito* (Fn. 229), S. 3. Dezidiert ablehnend *B. Key/D. Brown*, Designing Brains for Pain: Human to Mollusc, Frontiers in Physiology 9 (2018), Article 1027, S. 1 (8 ff.), die bezweifeln, ob mangels entsprechender Gehirnareale eine ausreichende Fähigkeit besteht, die Wahrnehmungsänderung, die zur Schmerzweiterleitung erfolgt, auf einer Metaebene bewusst wahrzunehmen.

[256] Vgl. allgemein zum Risiko der Ebenenverwechslung *R. Adolphs/D. J. Anderson*, The Neuroscience of Emotion, 2018, S. 105 ff.

physiologischer Funktionen einerseits, die davon abstrahierende komplexe Reflexion dieser Reize auf einer kognitiven Metaebene. Nozizeption ist evolutionsbiologisch sehr weit auf völlig unterschiedliche Taxa mit sehr unterschiedlich organisierten Nervensystemen verbreitet. Nozizeption ist eine Fähigkeit, die – so wird exemplarisch ausgeführt – Fruchtfliegen, die Meeresschnecke *Aplysia*[257], Tintenfische, Blutegel und Säugetiere miteinander teilen,[258] obgleich es Helminthen oder Fliegen offensichtlich an Zentren für eine komplex reflektierte Reizverarbeitung mangelt. Ein simpler Schluss von freien Nervenendigungen im Mantel von Cephalopoden auf potentielles Schmerzempfinden[259] greift daher zu kurz. Allein der Nachweis von peripheren Nozizeptoren ist unzureichend, Schmerzempfinden nachzuweisen.[260] Räumliche Orientierung und Gedächtnis sind schließlich multifaktoriell möglich und lassen sich – abhängig vom jeweiligen Organismus – recht unterschiedlich deuten,[261] sodass sich auch insoweit kaum eindeutige Folgerungen auf bestimmte kognitive Fähigkeiten treffen lassen. Vieles deutet auf grundsätzliche funktionale und verhaltensbezogene Unterschiede in der Reizverarbeitung zwischen Cephalopoden und Säugetieren hin.[262]

Von Anfang an bestanden daher plausible Sorgen, die undifferenzierte Erweiterung des Anwendungsbereichs des Tierversuchsrechts durch die Richtlinie könne dazu führen, dass deren Fokus auf Säugetiere unbesehen der Forschung mit Cephalopoden übergestülpt werde.[263] Letztlich beruht die Richtlinie, soweit sie Cephalopoden schützt, nicht auf gesicherter wissenschaftlicher Erkenntnis, sondern auf einer öffentlichen Wahrnehmung von Cephalopoden als empfindsame Lebewesen mit mutmaßlicher Leidensfähigkeit.[264] Es geht um die Zuschreibung eines moralischen Status aufgrund äußerlich beobachtbarer Phänomene,[265] die eine gewisse Indizwirkung haben, die vor allem vergleichend gewonnen wird. Jüngst hat noch einmal eine umfassendere Studie davor gewarnt, aus der Anpassungs-

---

257 *Alupaya/Hadjisolomoub/Crook* (Fn. 255), S. 140.

258 *Crook/Hanlon/Walters* (Fn. 254), S. 10025.

259 *Moltschaniwskyj/Hall/Warnke et al.* (Fn. 102), S. 457.

260 *R. W. Elwood*, Pain and Suffering in Invertebrates?, Institute for Laboratory Animal Research Journal 52 (2011), S. 175 (175).

261 *S. J. Shettleworth*, Spatial Behavior, Food Storing, and the Modular Mind, in: M. Bekoff/C. Allen/G. M. Burghardt (Hrsg.), The Cognitive Animal: Empirical and Theoretical Perspectives on Animal Cognition, 2002, S. 123 (124).

262 *Crook/Hanlon/Walters* (Fn. 254), S. 10025.

263 *N. Nosengo*, European directive gets its tentacles into octopus research, Nature 2011 (News v. 12.4.2011), https://doi.org/10.1038/news.2011.229 (zuletzt abgerufen am 26.5.2023).

264 *Ponte/Chiandetti/Fiorito et al.* (Fn. 6), S. 9.

265 Vgl. *Peña-Guzmán* (Fn. 150), S. 151 ff.

fähigkeit und dem komplexen Verhalten kurzerhand auf nicht bewiesene kausale Kognitionsvorgänge von vergleichbarer Komplexität zu schließen; lediglich anekdotische Evidenz[266] dürfe nicht überbewertet werden.[267]

Angesichts der im Zeitpunkt des Erlasses bestehenden Wissensdefizite[268] hat die Richtlinie also Cephalopoden in ihren Anwendungsbereich einbezogen, nicht weil die in den Erwägungsgründen genannten Prämissen bereits erwiesen gewesen wären, sondern weil man sich von künftiger Forschung eine Bestätigung erwartete.[269] Es ist eine Frage des Rechts, wie Beweislasten verteilt werden und welche Standards bzw. welche Wahrscheinlichkeitsurteile verlangt werden,[270] um Wahrnehmung normativ zu unterfüttern. Schon die Entscheidung, ob man Schutzkonzepte von einem Nachweis abhängig macht, dass bestimmte Indizien auf Empfindungsvermögen hinweisen, ist normative Setzung.[271] Letztlich liegt der Tierversuchsrichtlinie das – nicht zuletzt im Umwelt- und Technikrecht verbreitete – Vorsorgeprinzip zugrunde.[272] Weil ein Schmerzempfinden bei höher entwickelten Invertebraten immerhin möglich erscheint, sollen zumindest Ereignisse vermieden oder reduziert werden, die eine Nozizeption auslösen.[273] Die Kontingenz in dieser gewillkürten Grenzziehung lässt sich also lediglich damit rechtfertigen, dass man innerhalb eines fließenden Wissensprozesses vorsorglich früher regulativ eingreifen will, um den im primären Unionsrecht angelegten (Art. 13 AEUV) Querschnitts-Auftrag zu verwirklichen, den „Erfordernissen des Wohlergehens der Tiere als fühlende Wesen" – im Sinne eines bloßen Berücksichtigungsgebots[274] – angemessen Rechnung

---

266 Zur besonderen Fehleranfälligkeit allgemein *C. Glaser*, Risiko im Management, 2019, S. 158 ff.

267 *A. K. Schnell/P. Amodio/M. Boeckle/N. S. Clayton*, How intelligent is a cephalopod?, Lessons from comparative cognition, Biological Reviews 96 (2021), S. 162 ff.

268 *Di Cristina/Andrews/Ponte/Galligioni/Fiorito* (Fn. 229), S. 3; *Elwood* (Fn. 260), S. 182; *Fiorito/Affuso/Andrews et al.* (Fn. 100), S. 25; *Sykes/Baptista/Gonçalves/Andrade* (Fn. 152), S. 148.

269 *De Sio/Hanke/Ponte et al.* (Fn. 96), S. 4.

270 Vgl. allgemein *R. Breuer*, Probalistische Risikoanalysen und Gentechnikrecht, NuR 1994, S. 157 ff.

271 *Yeates* (Fn. 224), S. 4.

272 *P. L. R. Andrews/A.-S. Darmaillacq/A. Smith et al.*, The identification and management of pain, suffering and distress in cephalopods, including anaesthesia, analgesia and humane killing, Journal of Experimental Marine Biology and Ecology 447 (2013), S. 46 (50); *De Sio/Hanke/Ponte et al.* (Fn. 96), S. 4.

273 Vgl. *R. J. Crook/E. T. Walters*, Nociceptive Behavior and Physiology of Molluscs: Animal Welfare Implications, Institute for Laboratory Animal Research Journal 52 (2011), S. 185 ff. Das ist letztlich eine utilitaristische Argumentation der Kostenminimierung, vgl. *J. A. Mather*, Philosophical Background of Attitudes toward and Treatment of Invertebrates, Institute for Laboratory Animal Research Journal 52 (2011), S. 205 (208).

274 *C. Calliess*, in: ders./M. Ruffert (Hrsg.), EUV/AEUV, 6. Aufl. (2022), Art. 13 AEUV Rn. 7. Überzeichnet ist daher die Behauptung, Tierschutz habe den gleichen

zu tragen.[275] Mit dieser Entscheidung werden freilich Wissensprobleme in die Rechtsanwendung verlagert, die im Rahmen ihrer Entscheidungsprogramme Abwägungen zu treffen hat, die ohne ausreichende neurowissenschaftliche Basis nur schwer mit belastbarem Abwägungsmaterial zu unterfüttern sind.[276]

Es nimmt daher nicht wunder, dass die von normativer Vorsorge getriebene Aufnahme der Cephalopoden in das europäische Tierschutzrecht erheblichen Bedarf nach Standardisierung und nach vereinheitlichten Praktiken des Versuchs mit sowie der Haltung von Cephalopoden auslöste, über deren wissenschaftliche Fundierung aber oftmals weitgehende Unklarheit bestand. Kurz nach Inkrafttreten der Richtlinie wurde eine Reihe an Parametern identifiziert, für die auf Fachwissen gegründete Handlungsanleitungen benötigt würden: Indikatoren für Schmerzempfinden, angemessene Betäubung, Klassifizierung der Schwere der Beeinträchtigungen, vorfestgelegte Abbruchpunkte für ein Experiment, artgerechte Haltungsbedingungen, leidensarme Tötungsmethoden, Fang- und Beschaffungsmethoden für Lebendexemplare, hinreichende Qualifikation des Personals.[277] Die rechtliche Regulierung der Forschung führt also zunächst einmal zu mehr Forschungsbedarf,[278] um das regulatorisch erforderliche Wissen nachlaufend zu generieren. Dieser Wissensbedarf wird sich seinerseits im Wesentlichen nur durch gezielte Tierversuche befriedigen lassen. Das mag konsequent und sogar typische Folge jedenfalls selbstreflexiver Regulierungsstrategien[279] sein, gemessen an der Tierschutzzielen der Richtlinie liegt es aber eher nahe, dass – wieder einmal – aktionistische Gesetzgebung den praktischen Regelungsfolgen keine hinreichende Bedeutung beigemessen hat.[280]

---

Stellenwert wie andere Ziele der Union. So aber *E. Maestri/M. Piscitelli*, Ethics and law on human-animal relationship, in: G. Dal Negro/S. Sabbioni (Hrsg.), Practical Handbook on the 3Rs in the Context of the Directive 2010/63/EU, 2022, S. 1 (10 f.).

[275] Zur Anwendung bei Kollision mit Grundrechten EuGH, Urt. v. 17.12.2020 – C-336/19 (Centraal Israëlitisch Consistorie van België), ECLI:EU:C:2020:1031 Rn. 40 ff.

[276] Dazu unten VI.

[277] *Smith/Andrews/Dickel et al.* (Fn. 198), S. 38 f.

[278] *Di Cristina/Andrews/Ponte/Galligioni/Fiorito* (Fn. 229), S. 3. Allgemein *L. Del Pace/L. Viviani/M. Straccia*, Researchers and Their Experimental Models: A Pilot Survey in the Context of the European Union Health and Life Science Research, Animals 12 (2022), Article 2778, S. 1 (16).

[279] Dazu etwa *I. Augsberg*, Informationsverwaltungsrecht, 2014, S. 6 f., 97; *N. Janson*, Der beschleunigte Staat, 2021, S. 246 ff.; *Schmidt-Aßmann* (Fn. 8), S. 234. Konkret mit Blick auf wissenschaftliches Wissen *R. Pitschas*, Die Bewältigung der wissenschaftlichen und technischen Entwicklungen durch das Verwaltungsrecht, DÖV 1989, S. 785 ff.; *M. Seckelmann*, Evaluation und Recht, 2018, S. 206 ff.

[280] Weder in der weitgehend intransparenten Gesetzgebungsgeschichte noch in den Erwägungsgründen oder den nachgelagerten Debatten innerhalb der Unionsverwaltung

## *3. Deutsches Recht*

Der Begriff des Tieres in § 3 TierSchG umfasst zunächst sämtliche Tierarten.[281] Dadurch sind alle Tiere durch die allgemeinen Standards des § 2 TierSchG geschützt. Auch Regenwürmer oder Stabheuschrecken müssen also z. B. artgerecht gehalten werden. Die nachfolgenden Spezialregelungen differenzieren hingegen nach verschiedenen Phyla (Wirbeltiere, Kopffüßer) bzw. nach der Ordnung (Zehnfußkrebse). Cephalopoden werden vom Tierversuchsrecht (§§ 7a–9 TierSchG) sowie von der Zuchtbestimmung des § 11 TierSchG erfasst, allerdings nicht vom Straftatbestand des § 17 TierSchG, dessen Anwendungsbereich auf Wirbeltiere beschränkt ist. Auch der Verweis auf wissenschaftliche Standards bei der Tötung zur Organ- oder Gewebeentnahme zu wissenschaftlichen Zwecken (§ 4 Abs. 3 Satz 1 i. V. mit § 7a Abs. 2 Nr. 1 TierSchG) greift für Cephalopoden nicht, was nicht kohärent erklärbar ist.[282] Mit der insoweit expliziten Aufnahme in Schutztatbestände wird – so zutreffend – die „Schmerzfähigkeit" durch das Gesetz vorausgesetzt.[283] Bei Cephalopoden „geht man […] von einer den Wirbeltieren entsprechenden Leidensfähigkeit aus".[284] Letztlich wird insoweit nur auf den bereits genannten Erwägungsgrund 8 der RL 2010/63/EU verwiesen.[285] Das untergesetzliche Regelungswerk differenziert an keiner Stelle zwischen Tierversuchen mit Kopffüßern und mit Wirbeltieren (vgl. §§ 1, 2, 3 Abs. 2, 10, 15, 16, 17 18, 19, 20 Abs. 2, 22, 25 Abs. 1, 28 Abs. 1–2, 29 Abs. 1, 44 Abs. 2 Nr. 1 & 9a, 45 TierSchVersV). Außerhalb des Tierversuchsrechts gilt im Übrigen das allgemeine Verbot, ohne Betäubung mit Schmerzen verbundene Eingriffe vorzunehmen (§ 5 Abs. 1 Satz 1 TierSchG) nur für Wirbeltiere. Das ist wenig plausibel, weil insoweit Cephalopoden unter kontrollierten, professionellen und veterinärmedizinisch begleiteten Versuchsbedingungen besser geschützt werden als außerhalb des Labors, wo sie ohne Verpflichtung auf schonende Methoden und ohne Professionalisierung des Umgangs schmerzhaften Eingriffen (etwa bei der Herstellung von Nahrungsmitteln) unterworfen werden dürfen. Es spricht nicht gerade für ein kohärentes Regelungskon-

---

finden sich Anhaltspunkte dafür, dass man sich mit den Schwierigkeiten auseinandergesetzt hat, welche Folgewirkungen die Erweiterung des speziesorientierten Anwendungsbereichs hat und wie damit umzugehen sein wird.

[281] BT-Drs. 17/9783, S. 40.

[282] Es liegt nahe, dass diese Differenzierung aufgrund der Inkonsistenz des Regelungskonzeptes hier gegen das Willkürverbot nach Art. 3 Abs. 1 GG verstößt.

[283] *A. Hirt/C. Maisack/J. Moritz/B. Felde*, TierSchG, 4. Aufl. (2023), § 1 Rn. 18a.

[284] *Hirt/Maisack/Moritz/Felde* (Fn. 283), § 8 Rn. 1.

[285] *Hirt/Maisack/Moritz/Felde* (Fn. 283), § 8 Rn. 1; *A. Lorz/A. Metzger*, TierSchG, 7. Aufl. (2019), § 7a Rn. 28.

zept, dass man einerseits einen Oktopus im Labor vor einem veterinärmedizinischen Eingriff betäuben muss, aber lebendig zerstückeln darf, um die sich noch bewegenden Arme als Delikatesse in den Nudelsalat zu werfen. Populäres und latent das Tierschutzrecht durchziehendes Misstrauen in die Forschung treibt bisweilen seltsame Blüten.

Die Zucht oder Haltung von Cephalopoden ist – anders als bei Wirbeltieren – nicht erlaubnispflichtig nach § 11 Abs. 1 Satz 1 Nr. 2 TierSchG. Eine Erlaubnispflicht besteht hiernach, wenn die Zucht oder Haltung nach § 6 Abs. 1 Satz 2 Nr. 4 TierSchG dazu dient, Organe oder Gewebe zu entnehmen,

> „um zu anderen als zu wissenschaftlichen Zwecken die Organe oder Gewebe zu transplantieren, Kulturen anzulegen oder isolierte Organe, Gewebe oder Zellen zu untersuchen".

Diese implizite Rückausnahme wurde als nicht plausibel bewertet, weil Cephalopoden eigentlich im Rahmen des § 11 TierSchG den Vertebraten gleichgestellt sind.[286] Der kritische Einwand erscheint freilich seinerseits zweifelhaft, weil sich Cephalopoden rein praktisch nicht dazu eignen, Organe oder Gewebe zu anderen als zu wissenschaftlichen Zwecken zu entnehmen.

---

[286] *Hirt/Maisack/Moritz/Felde* (Fn. 283), § 11 Rn. 5.

# V. Epistemische Folgelasten

Die Integration der Cephalopoden in das Tierversuchsrecht auf unsicherer kognitiver Beurteilungsgrundlage zieht unvermeidbar epistemische Folgelasten für die Verwaltungsverfahren nach sich, in denen über die Genehmigung oder rechtmäßige Durchführung von Tierversuchen zu entscheiden ist. Das Tierschutzrecht verlangt hier letztlich die Beachtung eines Tierwohls, über dessen biologische Parameter sehr wenig bekannt ist.[287] So wird in einer gattungsspezifischen Gesamtdarstellung treffend darauf hingewiesen, dass zwar beinahe jeder Mensch schon einmal gehört habe, Kraken seien intelligent; auf der Ebene der wissenschaftlichen Definition falle es indes schwer, diese Intelligenz zu definieren und präzise zu fassen.[288] Das ist nicht nur ein praktisches Problem fehlenden Verständnisses für neuronale Komplexität, sondern ein epistemisches. Das Recht setzt ein Konzept von Empfindungsfähigkeit voraus, das erkenntnistheoretisch voraussetzungsvoll und dessen empirische Unterfütterung mit besonderen Schwierigkeiten belastet ist.

## *1. Empfindungsfähigkeit als Definitions- und Erkenntnisproblem*

Schutz von Versuchstieren knüpft an deren bewusste Empfindungsfähigkeit für Schmerzen und Leiden an. Mit Empfindungsfähigkeit und einem darauf gründenden Bewusstsein ist holzschnittartig gemeint, dass ein Lebewesen die individuelle Fähigkeit besitzt, zu fühlen, Reize aus der Umwelt wahrzunehmen und auf einer abstrakteren Ebene zu interpretieren, sich selbst im Kontext zur Umwelt sowie zu anderen Organismen zu positionieren sowie Handlungen intertemporal vorherzusehen bzw. als Gedächtnis zu speichern.[289] Bewusstsein ist insoweit kein Gegenstand,

---

[287] *Moltschaniwskyj/Hall/Warnke et al.* (Fn. 102), S. 467.

[288] *Mather/Anderson/Wood* (Fn. 134), S. 123.

[289] Angelehnt an *Berry/Vitale/Carere/Alleva* (Fn. 239), S. 268: „Sentience can be roughly defined as the individual capacity to feel, perceive and interpret a situation or a certain context. In a more refined definition, sentient beings are characterised by the capacity to assess the actions of other organisms in relation to themselves and third parties, to remember some of their own actions and the related consequences, to evaluate risks, to possess some feelings and a certain degree of awareness".

sondern ein komplexer Prozess von Interaktionen von Gehirn, Körper und Umwelt.[290] Das Konzept eines Selbst ist wiederum das am wenigsten greifbare Problem von Bewusstsein,[291] was dazu führt, dass es teils metaphysisch überladen auftritt. Hier können keine Debatten der verästelten Philosophie des Geistes aufgegriffen werden, für die rechtliche Bewertung verweist dies jedoch auf ein Definitionsproblem: Bewusstsein wird aufgrund von Definitionen zugeschrieben, die als solche per se kulturelle Artefakte sind. Die Kriterien der Zuschreibung folgen rechtlichen Anforderungen des Regelungszwecks. Die Frage, welche kognitiven Fähigkeiten Schutzbedarf nach sich ziehen, ist daher normativ zu beantworten, was aber zur Rationalisierung der Entscheidung – schon zur Vermeidung von Willkür (Art. 3 Abs. 1 GG; Art. 20 GRCh) – biowissenschaftlichen Erkenntnisbedarf auslöst.

Bewusstsein ist ein abstraktes Konzept, das schon als solches mit epistemischen Unsicherheiten behaftet und disziplinär zwischen Neurowissenschaften und Philosophie angesiedelt ist[292] sowie nicht zuletzt immer wieder auf alte Grundsatzfragen des Körper-Geist-Problems zurückführt.[293] Mit philosophisch grundierten Weltbildern überladene Konstruktionen sind aber für rechtliche Zuschreibungen aufgrund eines empirisch induzierten Schutzbedarfs wenig brauchbar. Die vom Recht vorausgesetzte Erkenntnisfähigkeit der Subjekte[294] ist – mit dem Fluchtpunkt der Menschenwürde (Art. 1 Abs. 1 GG; Art. 1 GRCh) anthropozentrisch strukturiert, löst aber nicht Probleme, wie auf die Beobachtungen kognitiver Fähigkeiten sehr unterschiedlicher Spezies reagiert werden soll. Das sind sehr praktische Fragen, die eng mit dem jeweiligen Erklärungshorizont der Biowissenschaften, aber auch mit ethisch motivierten Risikoabwägungen zusammenhängen, für die kein philosophisches Meta-Konzept des Geistes Verbindlichkeit beanspruchen kann und die sich auch mit Überabstrak-

---

290 *Ponte/Chiandetti/Fiorito et al.* (Fn. 6), S. 2.

291 *D. J. Chalmers*, The Conscious Mind: In Search of a Fundamental Theory, 1996, S. 10.

292 Vgl. nur *W. Seager*, Theories of Consciousness: An Introduction and Assessment, 2. Aufl. (2016). Im vorliegenden Kontext konkret *Godfrey-Smith* (Fn. 130), S. 137 ff.

293 Stellvertretend *Chalmers* (Fn. 291), S. 3 ff.; *P. L. Nunez*, The New Science of Consciousness, 2016, S. 39 ff.

294 S. mit unterschiedlichen Akzenten *K. F. Gärditz*, Verfassungsidentität und Schutz der Verfassung, in: K. Stern/H. Sodan/M. Möstl (Hrsg.), Das Staatsrecht der Bundesrepublik Deutschland im europäischen Staatenverbund, Bd. I, 2. Aufl. (2022), § 11 Rn. 24; *W. Kahl*, Die Schutzergänzungsfunktion von Art. 2 Abs. 1 Grundgesetz, 2000, S. 35 ff.; *O. Lepsius*, Die erkenntnistheoretische Notwendigkeit des Parlamentarismus, in: Bertschi et al. (Hrsg.), Demokratie und Freiheit, 1999, S. 123 (137); *ders.*, Steuerungsdiskussion, Systemtheorie und Parlamentarismuskritik, 2000, S. 61 f.; *J. F. Lindner*, Theorie der Grundrechtsdogmatik, 2005, S. 248 ff.; *M. Morlok*, Selbstverständnis als Rechtskriterium, 1993, S. 283, 326.

tionen nicht angemessen politisieren, damit auch nicht rechtsnormativ entscheiden lassen. Die wissenschaftliche Beobachterperspektive ist epistemisch unhintergehbar auf Außenwahrnehmung funktionalisiert, der die Innerlichkeit des Erlebens verborgen bleibt.[295] Auch neurobiologisch-evolutive Deutungen von Bewusstsein werden die Erklärungslücke zwischen biophysikalischer Beschreibbarkeit neuronaler Schaltkreise einerseits und dem zwar nicht theoretisch, aber doch praktisch irreduziblen Phänomen subjektiv bewusster Wahrnehmung (Frage des phänomenalen Bewusstseins bzw. der Qualia) andererseits nicht schließen können.[296]

„Conscious experience is at once the most familiar thing in the world and the most mysterious."[297]

Das ist zwar vornehmlich ein praktisches Problem, weniger ein theoretisches, weil aus naturwissenschaftlicher Sicht natürlich auch Erleben allgemeinen Gesetzen der Physik folgt und damit letztlich auf physikalische Zustände reduzibel wäre. Auch wenn reduktionistische (neurobiologische oder noch fundamentaler physikalische) Konstruktionen von Bewusstsein möglich sind,[298] über deren Wert allenfalls erkenntnistheoretisch gestritten werden mag, helfen jedoch reduktionistische Konzepte nicht, die Phänomene angemessen zu erfassen, derentwegen wir aus tierethischen Gründen Versuchstiere (rechtlich) schützen und vor bestimmten Erfahrungen bewahren wollen, denen wir rational begründet die Eigenschaft als unangemessenes Leiden zuschreiben. Die praktischen Probleme, die das Recht hier bewältigen soll, sind keine allein naturwissenschaftlich operablen Erkenntnis-, sondern Entscheidungsfragen, die dann aber pragmatisch auf Phänomene reagieren müssen, die auf „alltagstauglichen" Bewertungsebenen rechtsgebundener Verfahren handhabbar bleiben. Eine praktisch aufgrund der Komplexität inoperable Reduktion von Bewusstsein auf nackte Biophysik hätte per se keine moralische Dimension mehr, bliebe damit aber auch im rechtlichen Kontext nutzlos.[299] Neurobiologische Begründungen,

---

[295] *T. Nagel*, What is it like to be a bat?, The Philosophical Review 83 (1974), S. 435 ff.; ferner *E. Brendel*, Wissen, 2013, S. 19.

[296] *Chalmers* (Fn. 291), S. 93 ff.; *G. M. Edelman*, Naturalizing consciousness: A theoretical framework, Proceedings of the National Academy of Science 100 (2003), S. 5520 (5524).

[297] *Chalmers* (Fn. 291), S. 3.

[298] Vgl. für eine Rückwärtskonstruktion auf der Grundlage einzelner Aktionspotentiale *A. S. Johnson/W. Winlow*, The Soliton and the Action Potential – Primary Elements Underlying Sentience, Frontiers in Physiology 9 (2018), Article 779, S. 1 ff.

[299] Das ist letztlich ubiquitär. Auch eine Nötigung ließe sich ggf. in Hochauflösung auf neurophysikalische Zustandsveränderungen reduzieren, nur lässt sich damit nicht der soziale Sinn von § 240 StGB aufhellen. Zum Problem grundlegend und allgemein *C. F. Stuckenberg*, Vorstudien zu Vorsatz und Irrtum im Völkerstrafrecht, 2007, S. 68 ff.

auf die Antragstellende in einem Genehmigungsverfahren zurückgeworfen werden, sind in ihrem Beschreibungsanspruch daher einerseits notwendig unvollkommen. Andererseits ist eine makroskopische Beschreibung von Bewusstsein als Produkt evolutiver Organisation neuronaler Vernetzung – beispielsweise durch Konzepte von Emergenz und intertemporaler Stabilität[300] – zwangsläufig nicht auf menschliche Gehirne beschränkt. Über die Strukturierung eines tierischen Bewusstseins jenseits der Säugetiere sind gleichwohl zahlreiche Fragen offengeblieben.[301] Versteht man Schmerz, der tierversuchsrechtlich im Zentrum der Bewertung steht (vgl. §§ 1 Satz 2, 2 Nr. 2, 4 Abs. 1, 5 Abs. 1, 7 Abs. 1 Satz 2 Nr. 1 lit. a, Abs. 2 Satz 1 Nr. 1–3, 7a Abs. 2 Nr. 3–4, 8 Abs. 1 Satz 2 Nr. 7 lit. b, e & f TierSchG), als ein nachgerade mustergültiges Phänomen bewusster Wahrnehmung,[302] stellt sich auch hier die Frage, was Bewusstsein im Kern ausmacht.

Mangels unmittelbaren sprachlichen Ausdrucksvermögens kann auf Schmerzempfinden letztlich nur indirekt über Reaktionen auf externe Reize geschlossen werden.[303] Das ist aber mit Wahrnehmungsrisiken

---

[300] Für Emergenz *M. A. Bedau*, Weak Emergence, Noûs 31 (1997), S. 385 ff.; *T. W. Deacon*, Incomplete Nature: How Mind Emerged from Matter, 2011, S. 143 ff.; *T. E. Feinberg/J. Mallatt*, Phenomenal Consciousness and Emergence: Eliminating the Explanatory Gap, Frontiers in Psychology 11 (2020), Article 1041, S. 1 ff.; für intertemporale Stabilisierung durch Erinnerung *Nunez* (Fn. 293), S. 139 ff.; *A. K. Seth/M. Tsakiris*, Being a Beast Machine: The Somatic Basis of Selfhood, Trends in Cognitive Sciences 22 (2018), S. 969 (977 f.). Vgl. zur Verknüpfung von Wahrnehmung und Gedächtnis *Ponte/Chiandetti/Fiorito et al.* (Fn. 6), S. 5, 6.

[301] *Edelman/Seth* (Fn. 181), S. 481.

[302] *Chalmers* (Fn. 291), S. 9.

[303] *Key/Brown* (Fn. 255), S. 2. Bei Vertebraten haben sich z. B. Test etabliert, die die Mimik von Tieren messen und analysieren. Den Tests wird in einer Meta-Studie eine hohe Zuverlässigkeit, aber zugleich weiterer Forschungsbedarf bescheinigt. Vgl. *C. Fischer-Tenhagen/J. Meier/A. Pohl*, „Do not look at me like that“: Is the facial expression score reliable and accurate to evaluate pain in large domestic animals?, A systematic review, Frontiers in Veterinary Science 9 (2022), Article 1002681, S. 1 (9). Siehe zu Modellen, die bezeichnenderweise alle auf gängige Vertebraten zugeschnitten sind: *C. Pacharinsak/P. Sharp/A. Zintzsch/S. Fuochi*, Recognition of pain, distress, and suffering, in: G. Dal Negro/S. Sabbioni (Hrsg.), Practical Handbook on the 3Rs in the Context of the Directive 2010/63/EU, 2022, S. 181 (188 ff.). Besonders deutlich wird dies in innovativen Verfahren, die innere Zustände anhand von Grimassen und Mimik der Tiere ablesen wollen. Hierzu nur *L. Ernst/M. Kopaczka/R. H. Tolba et al.*, Improvement of the Mouse Grimace Scale set-up for implementing a semi-automated Mouse Grimace Scale scoring, Laboratory Animals 54 (2020), S. 83 ff.; *L. Ernst/M. Kopaczka/R. H. Tolba et al.*, Semi-automated generation of pictures for the Mouse Grimace Scale, Laboratory Animals 54 (2020), S. 92 ff.; *P. Jirkof/A. Abdelrahman/C. Häger et al.*, A safe bet?, Interlaboratory variability in behaviour-based severity assessment, Laboratory Animals 54 (2020), S. 73 ff. Diese Verfahren sind von vornherein auf bekannte Säugetiere beschränkt, deren Wahrnehmung sich in – bisweilen schon intuitiv artübergreifend verständlichen – Bewegungen der Gesichtsmuskulatur ausdrückt.

behaftet, weil äußeres Verhalten mit zunehmender biologischer Distanz immer schwerer zu deuten ist[304] und neurowissenschaftlich auf sehr verschiedene Ursachen zurückzuführen sein kann. Letztlich geht es um Analogieschlüsse, die aber anfällig für intuitive Verzerrungen sind.[305] So wird davor gewarnt, allein aus äußeren Verhaltensmustern und deren objektiven Strategien auf eine bestimmte kognitive Verarbeitung im Gehirn und ein Bewusstsein zu schließen.[306] Wissenschaftliche Vorsicht gebiete hier zunächst eine agnostische Sicht, die sich damit begnüge, zunächst einmal Muster ohne spekulative Schlüsse auf eine innere bewusste Wahrnehmung zu studieren.[307] Das erledigt zwar nicht rechtlichen Entscheidungsbedarf, kann aber einen vorsorgenden Normativierungsfuror durch Rationalisierungszwänge der Normrechtfertigung abfedern. Am Ende wird normative Zuschreibung, die keine wissenschaftliche Wahrheitsfragen beantworten kann und soll, sondern allein regulativen Zwecken dient, pragmatisch mit einem nicht weiter ergründbaren Innenleben umgehen müssen, was es auch einschließen kann, aus rechtpolitischen bzw. regelungstechnischen Gründen philosophisch Begründungen als regulative Ideen heranzuziehen. Rationale Rechtsetzung sollte dann aber offenlegen, wo Erkenntnisstand und Begründbarkeit enden, die sich auf naturwissenschaftliches Wissen stützen, und wo artifiziell gesetzte Zuschreibung anfängt bzw. was deren Zurechnungsgründe sind. Dies gilt schon deshalb, weil der hingenommene Grad an Spekulation seinerseits gegenüber der Forschungsfreiheit zu rechtfertigen ist.

Es gibt auch keine allgemeinen Standards eines „Beweises“, wann Bewusstsein oder Empfindungsfähigkeit zugeschrieben werden soll.[308] Indizien hierfür sind etwa ein (ggf. experimentell bestimmbares) Unterscheidungsvermögen und vorausschauendes Handeln.[309] Auch insoweit geht es dann um eine indirekte Bewertung des Tierwohls auf der Grundlage äußerlich beobachtbaren Verhaltens,[310] was erneut alle genannten Fehleranfälligkeiten aufweist. Der Nachweis „freiwillig“ gesteuerten Verhaltens wird teils als Goldstandard für ein Bewusstsein angesehen, aber auch darauf hingewiesen, dass die Abwesenheit von Reaktionen kein hinreichendes

304 *G. F. Striedter*, Neurobiology, 2016, S. 508.

305 Vgl. *Elwood* (Fn. 260), S. 176.

306 *Key/Brown* (Fn. 255), S. 5.

307 *Shettleworth* (Fn. 261), S. 127.

308 *Yeates* (Fn. 224), S. 2.

309 *Ponte/Chiandetti/Fiorito et al.* (Fn. 6), S. 5 f.

310 *Moltschaniwskyj/Hall/Warnke et al.* (Fn. 102), S. 467. S. für einen elaborierten Katalog an Indizien *Feinberg/Mallatt* (Fn. 5), S. 152 ff., die dann aber wiederum einräumen müssen, dass die Anwendung dieser Kriterien oftmals mit erheblichen Wissensunsicherheiten behaftet ist (S. 174).

Indiz für fehlendes Bewusstsein sei.[311] Die Zahl der Neuronen im ZNS (bei Cephalopoden vergleichbar derer vieler Vertebraten) mag ein Indiz für Bewusstseinsformen sein,[312] lässt aber für sich gesehen ebenfalls noch keine zwingenden Schlüsse auf die konkrete Komplexität neuronaler Organisation und auf Funktionen eines Empfindens zu.

## 2. *Cephalopoden als Grenzfall*

Die erheblichen Schwierigkeiten, das Bewusstsein von Cephalopoden zu verstehen, ergeben sich schon daraus, dass es um Invertebraten mit einem völlig anders organisierten Nervensystem geht, das phylogenetisch auf letzte gemeinsame Vorfahren vor ca. 550 Millionen Jahren verweisen kann.[313] Was die Zahl der Neuronen im ZNS und die Komplexität ihrer Organisation angeht, sind Cephalopoden den Vertebraten vergleichbar.[314] Schon die wahrscheinlich parallele, aber voneinander unabhängige Koevolution von Intelligenz erschwert aber Vergleiche. Im Zweifel geht es eher um Analogien, nicht um Homologien. Ob Tierarten mit grundlegend verschiedener Organisation des Gehirns kognitive Ähnlichkeiten zu Säugetieren im Allgemeinen und zu Menschen im Besonderen aufweisen, ist sehr schwierig zu beurteilen.[315] Ganz allgemein ist es nicht möglich, zwischen primitivem, ungesteuertem Verhalten und komplexer Intelligenz scharf gezeichnete Grenzen zu ziehen, evolutionsbiologische Betrachtungen sind sinnvoll nur relational möglich.[316] Es geht um ein Mehr oder ein Weniger, um Differenz und Nähe, um Ausdifferenzierung sehr unterschiedlicher und umweltspezifischer Fähigkeiten zur neuronalen Verarbeitung von Umweltreizen. Ein unmittelbarer Vergleich von Intelligenz zwischen

---

[311] *Edelman/Seth* (Fn. 181), S. 477.

[312] Vgl. *Feinberg/Mallatt* (Fn. 5), S. 174, 176, 181.

[313] *W. Winlow/A. Di Cosmo*, Editorial: Sentience, Pain, and Anesthesia in Advanced Invertebrates, Frontiers in Physiology 10 (2019), Article 1141, S. 1 (1); ähnlich *E. T. Walters*, Nociceptive Biology of Molluscs and Arthropods: Evolutionary Clues About Functions and Mechanisms Potentially Related to Pain, Frontiers in Physiology 9 (2018), Article 1049, S. 1 (14). Zutreffend warnt *P. L. R. Andrews*, Laboratory Invertebrates: Only Spineless, or Spineless and Painless?, Institute for Laboratory Animal Research Journal 52 (2011), S. 121 (123): „Thus investigators should not underestimate the difficulty in identifying functionally analogous pathways in invertebrates with fundamentally differently organized central nervous systems".

[314] *Feinberg/Mallatt* (Fn. 5), S. 189.

[315] Spiegelbildlich zu den biologischen Vergleichen lässt sich diese Frage auch aus der Sicht der Philosophie stellen. Vgl. für einen biowissenschaftlich informierten Philosophen *P. Godfrey-Smith*, Other Minds: The Octopus and the Evolution of Intelligent Life, 2018.

[316] *Shettleworth* (Fn. 261), S. 123.

verschiedenen Arten ist hingegen auch aus kognitionsbiologischer Sicht sehr schwierig.[317] Und bis in die jüngste Zeit wird betont, dass ein grundlegendes Verständnis des Verhaltens von Cephalopoden noch viel mehr Forschung voraussetzt.[318]

Cephalopoden verfügen aufgrund einer anderen und zu erheblichen Teilen noch unbekannten Organisation des Nervensystems über Eigenschaften, die anders strukturiert sind als neuronale Wahrnehmungen bei Wirbeltieren. Beispielsweise können optische Reize durch Licht wohl auch partiell extraokular durch Photorezeptoren auf der Haut wahrgenommen werden.[319] Teils wurde in Frage gestellt, ob die (im Kern anthropomorphen) philosophischen Modelle eines einheitlichen Bewusstseins, das in einer zentralen Einheit des Nervensystems konzentriert ist und dort Reize, die neuronal aus der Peripherie zugeleitet werden, bei den halbautonomen dezentralen Reizverarbeitungen insbesondere in den Armen eines Cephalopoden tragfähig bleiben.[320] Im Kern steht dahinter eine konzeptionelle Definitionsfrage, deren Beantwortung letztlich immer graduell kontingent bleiben wird. Ontologische Zwänge, Bewusstsein unitarisch und zentral zu definieren, gibt es nicht, erst recht keine tierethische Matrix, die diese anthropomorphe Anleihe tragfähig begründen könnte. Mitunter mögen beobachtbare Reaktionen auch angeboren sein, wie beispielsweise Tierexperimente mit Oktopoden nahelegen, die stets nach Beute mit der Morphologie einer Krabbe suchen, selbst wenn damit ein negativer Reiz (etwa ein Elektroschock) verbunden wird.[321] Insoweit geht es dann nicht um bewusstes Lernen, das Verhalten erscheint phänomenal reflektierter, als es das kognitiv-neuronal ist. Ob es zudem eine Verarbeitung des elektrischen Reizes als Schmerz gibt, mag man ebenfalls in Frage stellen.

Während für Vertebraten detailliertes Wissen über Schmerzempfinden, Stress und Belastung vorhanden ist und Schonungsmöglichkeiten im Tierversuch fortwährend verbessert werden, sind Konzepte für Cephalopoden – vor dem Hintergrund der vorstehenden Erwägungen wenig überraschend – bislang äußerst vage geblieben oder fehlen gänzlich, zumal – ganz allgemein[322] – auch spezifischer veterinärmedizinischer Sachverstand für

---

[317] *Hochner* (Fn. 124), S. R897.

[318] *Mather/Alupay* (Fn. 2), S. 123; ähnlich *Walters* (Fn. 313), S. 14, konkret mit Blick auf die Biologie der Nozizeption.

[319] *Bonadè/Ogura/Bonnaud-Ponticelli et al.* (Fn. 192), S. 3, 4, 6, 13, 15, 17.

[320] *S. Carls-Diamante*, The octopus and the unity of consciousness, Biology & Philosophy 32 (2017), S. 1269 (1281 ff.); *Feinberg/Mallatt* (Fn. 5), S. 189.

[321] *Mather/Anderson/Wood* (Fn. 134), S. 130.

[322] Rein indiziell fällt etwa auf, dass Standardlehrbücher der Veterinärmedizin durchweg noch nicht einmal Abschnitte über Cephalopoden enthalten. S. stellvertretend *F.-V. Salomon/H. Geyer/U. Gille*, Anatomie für die Tiermedizin, 4. Aufl. (2020). Durchweg auf Wirbeltiere und deren Organsysteme beschränkt sind: *W. Baumgärtner/*

Cephalopoden kaum vorhanden ist.[323] Entsprechendes gilt für die Labortierkunde[324] und deren Klinische Chemie[325]. Zwar lässt sich beispielsweise aus äußerem Verhalten in bekannten natürlichen Stresssituation (etwa Veränderung der Muster durch nervengesteuerte Chromatophore bei *Sepia*) auf ähnlichen Stress schließen, wenn unter Laborbedingungen auf Reize analog reagiert wird. Über ein inneres Empfinden oder Erleben lässt sich gleichwohl nur (mehr oder weniger gut durch evidenzbasierte Datenanalyse unterstützt) spekulieren. Cephalopoden haben eben keine unmittelbare Möglichkeit, ihr psychisches Innenleben zu kommunizieren.

So ist es beispielsweise bei der Entwicklung geeigneter Anästhesie-Konzepte schwierig, aus dem äußeren Verhalten Rückschlüsse auf das innere Empfingen zu ziehen.[326] Tatsächlich begann eine nähere Beschäftigung mit der Anästhesie der Cephalopoden, für die es keine Standards gibt,[327] überhaupt erst aufgrund der tierschutzrechtlichen Notwendigkeit, Schmerzen zu reduzieren.[328] Insoweit weist auch ein jüngerer Review-Beitrag zur Cephalopoden-Forschung darauf hin, dass die Forschung zum Empfinden sowie die Möglichkeiten, dieses anästhetisch auszuschalten, erst am Anfang stehe.[329] Immerhin scheinen Ethanol oder $MgCl_2$ anästhetisch zu

---

*A. D. Gruber* (Hrsg.), Allgemeine Pathologie für die Tiermedizin, 3. Aufl. (2020); *dies.* (Hrsg.), Spezielle Pathologie für die Tiermedizin, 2. Aufl. (2020). In der standardisierten tiermedizinischen Ausbildung sind unter Invertebraten allein Bienen Prüfungsstoff im Staatsexamen. S. Nr. 22 der Anlage 1 zur Verordnung zur Approbation von Tierärztinnen und Tierärzten v. 27.7.2006 (BGBl. I S. 1827), die zuletzt durch Art. 7 des Gesetzes v. 15.8.2019 (BGBl. I S. 1307) geändert worden ist.

323 *Huffard* (Fn. 118), S. 19. Vgl. auch *Fiorito/Affuso/Andrews et al.* (Fn. 100), S. 22: keine hinreichenden Daten über Infektionskrankheiten und Parasitenbefall. Das begrenzte Wissen ist immerhin inzwischen in einem verdienstvollen Sammelband zusammengetragen. Vgl. *C. Gestal/S. Pascual/A. Guerra/G. Fiorito/J. M. Vieites* (Hrsg.), Handbook of Pathogens and Diseases in Cephalopods, 2019.

324 Negativbefund bei *J. Hau/S. J. Schapiro* (Hrsg.), Handbook of Laboratory Animal Science, 4. Aufl. (2021); *J. Weiss/K. Becker/E. Bernsmann/C. Chourbaji/H. Dietrich*, Versuchstierkunde, 4. Aufl. (2014).

325 Negativbefund etwa im Standardlehrbuch von *D. M. Kurtz/G. S. Travlos* (Hrsg.), The Clinical Chemistry of Laboratory Animals, 3. Aufl. (2020).

326 Anschaulich *G. Polese/W. Winlow/A. Di Cosmo*, Dose-Dependent Effects of the Clinical Anesthetic Isoflurane on Octopus vulgaris: A Contribution to Cephalopod Welfare, Journal of Aquatic Animal Health 26 (2014), S. 285 ff.; ferner *Staaf* (Fn. 199), S. 15.

327 Das einschlägige Referenzwerk, das Anästhesie und Analgesie für alle gängigen Labortiere erläutert, geht sogar auf ungewöhnliche Tierarten (Amphibien, Reptilien, Vögel) ein, enthält aber keine Hinweise auf Cephalopoden: *P. Flecknell*, Laboratory Animal Anaesthesia, 5. Aufl. (2023), S. 276 ff.

328 *Polese/Winlow/Di Cosmo* (Fn. 226), S. 286; *Staaf* (Fn. 199), S. 14 f.

329 *O'Brien/Roumbedakis/Winkelmann* (Fn. 71), S. 14; ebenso *Andrews/Darmaillacq/Smith et al.* (Fn. 272), S. 54; allgemein für Invertebraten *J. E. Cooper*, Anesthesia, Analgesia, and Euthanasia of Invertebrates, Institute for Laboratory Animal Research Journal 52 (2011), S. 196 (203).

wirken,[330] jedoch ist bislang unklar, worauf die Wirkung zurückzuführen ist, sprich welche neurochemischen Mechanismen dem zugrunde liegen.[331] Da man die Signalverarbeitung im ZNS nicht kennt, kann man erfolgreiche Anästhesie oder Analgesie erneut lediglich aus äußerlich wahrnehmbaren Verhaltensänderungen ableiten, was aber letztlich in der Summation der Unbekannten dann wieder graduell spekulativ bleiben muss.[332] Anästhetika sind begrifflich Pharmaka, die Empfindungs- oder Bewusstlosigkeit auslösen.[333] Empfindungslosigkeit und Bewusstlosigkeit setzen aber wiederum positive Begriffe des Empfindens oder Bewusstseins voraus. Namentlich die Schmerzwahrnehmung berührt hierbei sehr komplexe Vorgänge der Signalverarbeitung einfacher Nozizeption.[334]

---

[330] Positive Ergebnisse für eine reversible Blockade mit Magnesiumchlorid ($MgCl_2$) und mit Ethanol bei *H. M. Butler-Struben/S. M. Brophy/N. A. Johnson/R. J. Crook*, In Vivo Recording of Neural and Behavioral Correlates of Anesthesia Induction, Reversal, and Euthanasia in Cephalopod Molluscs, Frontiers in Physiology 9 (2018), Article 109, S. 1 ff. $MgCl_2$ soll allerdings nicht bei allen Oktopusarten wirken, vgl. *Moltschaniwskyj/Hall/Warnke et al.* (Fn. 102), S. 462. Eine vergleichende Studie mit Ethanol, $MgCl_2$ und kaltem Seewasser (11 °C) findet sich bei *K. Roumbedakis/M. N. Alexandre/C. Rosas*, Short and Long-Term Effects of Anesthesia in Octopus maya (Cephalopoda, Octopodidae) Juveniles, Frontiers in Physiology 11 (2020), Article 697, S. 1 ff. Hierzu sowie zu weiteren möglichen Kandidaten anästhetischer Pharmaka: *Andrews/Darmaillacq/Smith et al.* (Fn. 272), S. 54 ff.; *S. Deutsch/R. Parsons/R. J. Crook et al.*, Evaluation of Candidates for Systemic Analgesia and General Anesthesia in the Emerging Model Cephalopod, Euprymna berryi, Biology 12 (2023) Article 201, S. 1 ff.

[331] Das ist – konzediert – gerade im Bereich zentral wirkender Pharmaka auch beim Menschen kein ungewöhnlicher Befund. S. etwa *S. Böhm*, Antidepressiva und Stimmungsstabilisatoren, in: M. Freissmuth/S. Offermanns/S. Böhm (Hrsg.), Pharmakologie und Toxikologie, 3. Aufl. (2020), S. 333 (343); *G. Geisslinger/S. Menzel/T. Gundermann et al.*, Mutschler Arzneimittelwirkungen, 11. Aufl. (2020), S. 186, 203; *T. Herdegen*, Psychiatrie, 2015, S. 53; *N. Langlitz*, The persistence of the subjective in neuropsychopharmacology: observations of contemporary hallucinogen research, History of the Human Sciences 23 (2010), S. 37 (43); *L. Tetsch*, Geballte Kräfte für die Neurologie, Laborjournal 4/2022, S. 20 (20); *R. Thompson*, Das Gehirn, 3. Aufl. (2010), S. 126 f., 156.

[332] Skeptisch auch *Di Cristina/Andrews/Ponte/Galligioni/Fiorito* (Fn. 229), S. 4.

[333] *H. Thiel/N. Roewer*, Anästhesiologische Pharmakotherapie, 3. Aufl. (2014), S. 92. Für die Tiermedizin sind zwar eine Reihe an Pharmaka bekannt, die üblichen Darstellungen beschränken sich aber auf das Nervensystem der Wirbeltiere, ohne diese Limitierung überhaupt zu hinterfragen. Vgl. stellvertretend *H. Ammer/H. Potschka*, Pharmakologie des Zentralen Nervensystems (ZNS), in: W. Löscher/A. Richter (Hrsg.), Lehrbuch der Pharmakologie und Toxikologie für die Veterinärmedizin, 4. Aufl. (2016), S. 125 (130–155).

[334] *H. Lüllmann/K. Mohr/M. Wehling/L. Hein*, Pharmakologie und Toxikologie, 18. Aufl. (2016), S. 329. Insoweit weist *Elwood* (Fn. 260), S. 178, darauf hin, dass das äußerliche Ansprechen auf gängige Anästhetika kein valider Beweis von Schmerzempfinden ist, weil die sichtbare Wirkung auch auf einer peripheren Blockade der Nozizeption beruhen könnte.

Die Gesetzgebung verlangt also fachliches Wissen, das erst generiert werden muss, aber nicht sinnvoll ohne diejenigen Tierversuche zu erlangen ist, die es regulieren will. Eine bessere Beurteilung der anästhetischen Wirkung von Wirkstoffen wird sich seinerseits kaum ohne systematische Tierversuche erreichen lassen.[335] Immerhin wird vergleichend darauf hingewiesen, dass die pharmakologisch-biochemischen Wirkungsmechanismen der meisten etablierten – und hinlänglich erprobten – Anästhetika, die bei Vertebraten (Menschen eingeschlossen) zur Anwendung kommen, ebenfalls bislang nicht oder jedenfalls nur unvollkommen bekannt sind, die Wirkungen an Mollusca mit ihren leichter identifizierbaren Nervenzellen aber wenigstens besser zu untersuchen seien.[336]

### *3. Die Fallstricke einer Vergeisteswissenschaftlichung*

Insgesamt zeigt sich daher eine erhebliche Belastung des Tierversuchsrechts mit grundlegenden epistemischen Unsicherheiten. Empfindungsfähigkeit von Cephalopoden wurde aufgrund von groben Beobachtungen äußeren Verhaltens unterstellt, wurde aber nicht wissenschaftlich mit befriedigender Belastbarkeit und Detaildichte nachgewiesen.[337] Gewiss ist auch der Umgang mit Wirbeltieren und deren Leidensfähigkeit voraussetzungsvoll und Modelle stoßen immer wieder an Grenzen, und zwar gerade dort, wo es um anspruchsvolle kognitive Prozesse geht.[338] Die erhebliche

---

[335] Vgl. *C. Pugliese/R. Mazza/A. Gattuso et al.*, Effect of Different Formulations of Magnesium Chloride Used As Anesthetic Agents on the Performance of the Isolated Heart of Octopus vulgaris, Frontiers of Physiology 7 (2016), Article 810, S. 1 (3 ff.). In der Studie wurde die anästhetische Wirkung von $MgCl_2$ in verschiedenen Verabreichungsformen auf die Herzmuskulatur des Gemeinen Oktopus untersucht und hierzu Tiere notwendig zwecks Entnahme der Gewebe (nämlich der Herzen) getötet.

[336] *W. Winlow/G. Polese/A. Di Cosmo*, Sense and Insensibility – An Appraisal of the Effects of Clinical Anesthetics on Gastropod and Cephalopod Molluscs as a Step to Improved Welfare of Cephalopods, Foundations in Physiology 9 (2018), Article 1147, S. 1 ff. Die Untersuchung widmet sich allen möglichen Faktoren möglicher chemischer Blockaden der Neurotransmission mit verschiedenen gängigen Pharmaka.

[337] *Di Cristina/Andrews/Ponte/Galligioni/Fiorito* (Fn. 229), S. 3. Auch seriöse Bewertungen, die tendenziell Bewusstsein zuschreiben, argumentieren daher sehr vorsichtig und mit entsprechenden Vorbehalten *Feinberg/Mallat* (Fn. 5), S. 185–192, und sprechen von möglichen Kandidaten, nicht von erwiesenem Bewusstsein.

[338] Vgl. frühzeitig gegen überzogene Modellerwartungen *S. M. Paul*, Movement, Mood and Madness: A Biological Model of Schizophrenia, in: J. D. Maser/M. E. P. Seligmann (Hrsg.), Psychophathology: Experimental Models, 1977, S. 358 (384 ff.). Siehe ferner *P. A. Arguello/J. A. Gogos*, Modeling Madness in Mice: One Piece at a Time, Neuron 52 (2006), S. 179 (179); *O. Berton/C.-G. Hahn/M. E. Thase*, Are We Getting Closer to Valid Translational Models for Major Depression?, Science 338 (2012), S. 75 (75 f.); *J. F. Cryan/A. Holmes*, The ascent of mouse: advances in modelling human depression and

evolutionsbiologische Distanz von etwa 550 Millionen Jahren, als rezente Cephalopoden und rezente Vertebraten nach paläobiologischem Forschungsstand einen letzten gemeinsamen Vorfahren hatten, macht Bewertungen von so anspruchsvollen Konzepten wie Empfindungsfähigkeit und Bewusstsein bei Cephalopoden jedoch zu einer besonderen wissenschaftlichen Herausforderung. Die Neigung, aus äußerem Verhalten aufgrund vermeintlicher Ähnlichkeit voreilige und wissenschaftlich nicht belastbare Schlüsse zu ziehen, ist groß. Popularisierung macht anfällig für Anthropomorphismen.[339] Die Beobachtung der faszinierenden und bisweilen niedlichen Arten (wer bei Bildern von *Euprymna scolopes* nicht dahinschmilzt, ist herzlos) sowie die eigentümlichen Möglichkeiten einer Interaktion führen also dazu, dass dem Verhalten von Cephalopoden intuitiv eine dem Menschen analoge Bedeutung zugeschrieben wird, die aber irreführend sein kann, schon weil äußeren Reaktionen auf Reize sehr unterschiedliche Mechanismen der Signalverarbeitung zugrunde liegen können. Die Einbeziehung in die Schutzfunktionen des Tierversuchsrechts unter der Ägide der Vorsorge ist daher auch nur teilweise wissenschaftlich und zumindest in starkem Maße auch intuitiv begründet.

Letztlich werden Analogien gezogen, die stark eingeschliffenen Perspektiven auf die menschliche Wahrnehmung verhaftet bleiben.[340] Bei einem intuitiven Zugang besteht die Gefahr, Spezies umso eher Empfindungsfähigkeit zuzuschreiben, umso mehr taxonomische Nähe zum Menschen diese aufweisen, was aber die funktional-physiologischen Prämissen verfehlen kann.[341] Allgemein bestehen große Schwierigkeiten, schon aus sich heraus abstrakte Konzepte zur Beschreibung psychischer Zustände bei Menschen selbst auf nahe und erst recht auf ferne Taxa zu übertragen. Wenn auch Bewusstsein bzw. die Erfahrung von Umwelt das Produkt von Evolu-

---

anxiety, Nature Reviews Drug Discovery 4 (2005), S. 775 (779); *J. F. Keeler/T. W. Robbins*, Translating cognition from animals to humans, Biochemical Pharmacology 81 (2011), S. 1356 ff.; *E. J. Nestler/S. E. Hyman*, Animal models of neuropsychiatric disorders, Nature Neuroscience 13 (2010), S. 1161 (1161 f.); *T. W. Robbins*, Homology in behavioural pharmacology: an approach to animal models of human cognition, Behavioural Pharmacology 9 (1998), S. 509 ff.; *E. S. J. Robinson*, Translational new approaches for investigating mood disorders in rodents and what they may reveal about the underlying neurobiology of major depressive disorder, Philosophical Transactions of the Royal Society B 373 Nr. 1742, 20170036, S. 2; *D. A. Slattery/J. F. Cryan*, The Ups and Downs of Modelling Mood Disorders in Rodents, Institute for Laboratory Animal Research Journal 55 (2014), S. 297 ff.; *S. A. Stuart/P. Butler/M. R. Munafò/D. J. Nutt/E. S. J. Robinson*, A Translational Rodent Assay of Affective Biases in Depression and Antidepressant Therapy, Neuropsychopharmacology 38 (2013), S. 1625 (1625 f.).

[339] *Moltschaniwskyj/Hall/Warnke et al.* (Fn. 102), S. 459.

[340] Vgl. ähnlich *Yeates* (Fn. 224), S. 2.

[341] *Yeates* (Fn. 224), S. 2.

tion ist,[342] kann es von vornherein nur um relative Entwicklungen gehen,[343] die auch als Ankerpunkte von rechtlicher Zuschreibung tierethisch relevanten Schutzbedarfs in ihrer graduellen Stufung zu begreifen sind. So wird es etwa keine linearen Antworten darauf geben, was „Bewusstsein“ von Tieren bedeutet und wie sich dieses skalieren lässt. Brauchbar erscheint eher eine Betrachtung, die einzelne Parameter aus einer Typologie der als Bewusstsein markierten neuronalen Verarbeitungsebene identifiziert und fragmentiert sowie relational zwischen verschiedenen Arten vergleicht, um am Ende ein jeweils artspezifisches Profil zu gewinnen.[344]

Gerade insoweit ist die Bewertung der Empfindungsfähigkeit jedoch in einen unglücklichen Sog philosophischer Debatten über Geist und Bewusstsein geraten.[345] Spezifisch biowissenschaftliche Fragen, die sich auch nur dort auswirken, wo Life Sciences tierexperimentelle Methoden anwenden, wurden mit geisteswissenschaftlichen Debatten belastet. Das hat das insoweit für Geisteswissenschaften strukturtypische Spekulative und die Unschärfen in die Bewertung von kognitiven Fähigkeiten hineingetragen. Schutzbedarf ist zwar eine Frage der Tierethik, die normativ zu beantworten und politisch durch Rechtsetzung zu entscheiden ist. Biowissenschaften können dies nicht vorwegnehmen, sie können keine Antworten auf Fragen eines Sollens bzw. der Zurechnung geben. Um eine rationale tierethische Entscheidung treffen zu können, die nicht zuletzt Rechtfertigung darüber ablegt, welche Arten man schützt und welche nicht, benötigt man aber erst einmal solides biologisch-neurowissenschaftliches Grundwissen. Unsicherheiten zu bewältigen und Komplexität zu reduzieren sind zwar sehr grundsätzliche Funktionen von Gesetzgebung,[346]

---

342 *Godfrey-Smith* (Fn. 315), S. 77 ff.

343 Vgl. *C. Darwin*, The Descent of Man, 1981 [1871], S. 105: „Nevertheless the difference in mind between man and the higher animals, great as it is, certainly is one of degree and not of kind“. Dass diese Prämisse nicht unumstritten ist, sei hier nur klargestellt, kann aber nicht weiter vertieft werden.

344 *J. Birch/A. K. Schnell/N. S. Clayton*, Dimensions of Animal Consciousness, Trends in Cognitive Sciences 24 (2020), S. 789 ff.

345 Repräsentativ und ein Überblick über die – hier nicht zu vertiefenden – Argumente bei *Mather* (Fn. 273), S. 205 ff.

346 *O. Lepsius*, Die erkenntnistheoretische Notwendigkeit des Parlamentarismus, in: M. Bertschi/T. Gächter/R. Hurst/P. Klaus/A. Reller/B. Schmithüsen/U. Steimen/M. Widmer/M. von Wyss (Hrsg.), Demokratie und Freiheit, 1999, S. 123 (170); im Anschluss *K. F. Gärditz*, Regulierungsrechtliche Auskunftsanordnungen als Instrument der Wissensgenerierung, DVBl. 2009, S. 69 (71). Zur Funktion des Vorbehalts des Gesetzes, Komplexität zu reduzieren und Unsicherheit abzubauen *K. F. Gärditz*, in: K. H. Friauf/W. Höfling (Hrsg.), Berliner Kommentar zum GG, Art. 20 Abs. 3 (Rechtsstaat), Rn. 132 ff. Zur stufenweisen Absorption von Ungewissheit und Reduktion von Komplexität im Verfahren zur Herstellung der Anschlussfähigkeit von Entscheidungen als allgemeiner Verfahrensfunktion *N. Luhmann*, Legitimation durch Verfahren, 4. Aufl. (1997), S. 23 ff., 51 f.

die hier perspektivisch offen ist und auch andere Interessen (eben etwa aus Art. 20a GG, Art. 13 AEUV abgeleitete tierethische Vorsicht) integrieren kann. Bewegt man sich jedoch – wie hier mit Blick auf Art. 5 Abs. 3 Satz 1 GG, Art. 13 GRCh – auf qualifiziert grundrechtlich präformiertem Terrain, schuldet Gesetzgebung zum einen hinreichende rationale Gründe, Forschungsfreiheit einzuschränken. Zum anderen wird die rechtsstaatliche Orientierungs- und demokratische Entscheidungsfunktion verfehlt, wenn eine nominale Schutzerweiterung unter Vorsorgegesichtspunkten die verbleibenden Restkonflikte den Verwaltungsverfahren überlässt, in denen über eine Genehmigung von Tierversuchen bzw. Überwachungsmaßnahmen zu entscheiden ist. Geisteswissenschaftliche Theoriebildung liefert hierfür keine zureichenden Orientierungsparameter.[347]

---

[347] Vgl. allgemein *Gärditz* (Fn. 15), S. 148.

## VI. Konfliktverlagerung ins Tierversuchsrecht

Diese Kombination von tierethisch motiviert vorsorgendem Schutz und epistemischer Unsicherheit über die Schutzgründe hat weitreichende Folgen für die strukturierte Konfliktbewältigung in Genehmigungsverfahren. Dass der (europäische und deutsche) Gesetzgeber mit einem normativen Vorsorgekonzept arbeitet, das Cephalopoden Empfindungs- und Leidensfähigkeit zuschreibt, ist als solches nicht zu beanstanden. Vorsorge reagiert strukturell auf Unwissen und trifft auf der Grundlage einer vergleichenden Folgenabwägung normative Zurechnungsentscheidungen nach reduzierten Wahrscheinlichkeiten (Risiko).[348] Es kommt dadurch aber zu fundamentalen Rechtsanwendungsproblemen, die in einem rechtlichen Zulassungsverfahren noch nicht einmal sinnvoll thematisiert und erst recht nicht gelöst werden können. Dies beginnt damit, dass Tierversuche im Einklang mit Art. 3 Nr. 1 RL 2010/63/EU Eingriffe oder Behandlungen zu Versuchszwecken an Tieren sind, wenn sie mit Schmerzen, Leiden oder Schäden für diese Tiere verbunden sein können (§ 7 Abs. 2 Satz 1 Nr. 1 TierSchG), was eine Folgeneinschätzung auch für Cephalopoden voraussetzt.[349] Diese wird man aber aufgrund der hier dargestellten Begründungsschwierigkeiten kaum mit wissenschaftlicher Qualität liefern können.

---

[348] *W. Kahl/K. F. Gärditz*, Umweltrecht, 13. Aufl. (2023), § 4 Rn. 22, 23, 27. Das *BVerfG* hat in der Sache das Vorsorgegebot als risikosensible Reaktion auf Ungewissheit für das Umweltstaatsziel anerkannt. Vgl. *BVerfGE* 157, 30 (157): „Besteht wissenschaftliche Ungewissheit über umweltrelevante Ursachenzusammenhänge, setzt Art. 20a GG den Entscheidungen des Gesetzgebers – zumal solchen mit unumkehrbaren Folgen für die Umwelt – vielmehr Grenzen und erlegt ihm [...] eine besondere Sorgfaltspflicht auf". Man wird Analoges auch für das in Art. 20a GG verankerte Tierschutzgebot annehmen dürfen, das durch die Wahl des Regelungsstandorts bewusst parallelisiert wurde. S. zur Strukturierung des Vorsorgeprinzips näher stellvertretend *C. Calliess*, Rechtsstaat und Umweltstaat, 2001, S. 97 ff.; für das Unionsrecht *EuGH*, Urt. v. 5.5.1998 – C-157/96 (The Queen/Ministry of Agriculture, Fisheries and Food), Slg 1998, I-2211 Rn. 63 f.

[349] Vgl. *G. M. Cooke/D. B. Anderson/P. L. R. Andrews et al.*, Prospective severity classification of scientific procedures in cephalopods: Report of a COST FA1301 Working Group survey, Laboratory Animals 53 (2019), S. 541 (542).

### *1. Genehmigungsrecht*

Wer Versuche an Wirbeltieren oder Kopffüßern durchführen will, bedarf nach § 8 Abs. 1 Satz 1 TierSchG der Genehmigung des Versuchsvorhabens durch die zuständige Behörde. Die Genehmigungsvoraussetzungen für Wirbeltiere und Cephalopoden sind unterschiedslos. Die Genehmigung eines Versuchsvorhabens ist nach Prüfung durch die zuständige Behörde zu erteilen, wenn die in § 8 Abs. 1 Satz 2 TierSchG abschließend normierten Genehmigungsvoraussetzungen vorliegen. Die eindeutige Fassung als gebundene Entscheidung („ist") verdeutlicht, dass der Behörde auch nach Einführung des Staatsziels Tierschutz (Art. 20a GG) kein Versagungsermessen zukommt.[350] Es handelt sich insoweit um ein traditionelles präventives Verbot mit Erlaubnisvorbehalt, das lediglich formal die vorherige Prüfung der materiellen Genehmigungsvoraussetzungen sichert („Kontrollerlaubnis"). Ein Versagungsermessen wäre mit Art. 5 Abs. 3 Satz 1 GG unvereinbar[351] und ist auch unionsrechtlich nicht geboten, weil Art. 38 RL 2010/61/EU lediglich eine behördliche Prüfung der Genehmigungsvoraussetzungen verlangt. Es muss nach § 8 Abs. 1 Satz 2 Nr. 1 TierSchG aus wissenschaftlicher Sicht gerechtfertigt sein, dass die materiellen Anforderungen an einen Tierversuch nach § 7a Abs. 1 und Abs. 2 Nr. 1–3 TierSchG vorliegen. Die angestrebte Erkenntnis als Ergebnis des Tierversuchs darf trotz Ausschöpfens der zugänglichen Informationsmöglichkeiten noch nicht hinreichend bekannt bzw. wissenschaftlich gesichert sein. Die verantwortliche Leitungsperson des Versuchsvorhabens und ihre Stellvertretung müssen nach § 8 Abs. 1 Satz 2 Nr. 2 TierSchG die erforderliche fachliche Eignung insbesondere hinsichtlich der Überwachung der Tierversuche haben (vgl. im Einzelnen § 16 TierSchVersV).[352] Die erforderlichen Räumlichkeiten, Anlagen und anderen sachlichen Mittel müssen den tierschutzrechtlichen Anforderungen entsprechen (§ 8 Abs. 1 Satz 2 Nr. 3 TierSchG). Die Haltung der Tiere muss den tierschutzfachlichen Anforderungen entsprechen und die medizinische Versorgung der Versuchstiere muss sichergestellt sein (§ 8 Abs. 1 Satz 2 Nr. 5 TierSchG).

---

[350] *BVerwG*, Beschl. v. 20.1.2014 – 3 B 29/13, NVwZ 2014, S. 450 (451); *OVG Bremen*, Urt. v. 11.12.2012 – 1 A 180/10 und 1 A 367/10, ZUR 2013, S. 425 (428); *VG Bremen*, Urt. v. 28.5.2010 – 5 K 1274/09, DVBl 2010, S. 1044 (1045); *K. F. Gärditz*, Tierschutzrechtlicher Genehmigungsanspruch für Tierversuche zu Forschungszwecken – zu VG Bremen, Urt. v. 28.5.2010 – 5 K 1274/09, DVBl 2010, S. 1048 ff.; *Lorz/Metzger* (Fn. 285), § 8 Rn. 1; *Hirt/Maisack/Moritz/Felde* (Fn. 283), § 8 Rn. 30. Vgl. auch *W. Löwer*, Tierversuche im Verfassungs- und Verwaltungsrecht, 2006, S. 128.

[351] *VG Berlin*, Beschl. v. 20.4.1994 – 1 A 232.92, Rn. 25; Urt. v. 7.12.1994 – 1 A 232.92, Rn. 44; *Gärditz* (Fn. 350), S. 1050.

[352] Zu den FELASA-Nachweisen *Hirt/Maisack/Moritz/Felde* (Fn. 283), § 16 TierSchVersV Rn. 2b.

Tierversuche dürfen nach § 7a Abs. 1 Satz 1 TierSchG nur durchgeführt werden, soweit sie unter anderem – ich beschränke mich hier auf thematisch relevante Topoi – zu einem der folgenden Zwecke unerlässlich sind:

- Grundlagenforschung (Nr. 1);
- sonstige Forschung zur Vorbeugung, Erkennung oder Behandlung von Krankheiten, Leiden, Körperschäden oder körperlichen Beschwerden bei Menschen oder Tieren, zur Erkennung oder Beeinflussung physiologischer Zustände oder Funktionen bei Menschen oder Tieren, zur Förderung des Wohlergehens von Tieren oder der Verbesserung der Haltungsbedingungen von landwirtschaftlichen Nutztieren (Nr. 2);
- Schutz der Umwelt im Interesse der Gesundheit oder des Wohlbefindens von Menschen oder Tieren (Nr. 3);
- Entwicklung und Herstellung sowie Prüfung der Qualität, Wirksamkeit oder Unbedenklichkeit von Arzneimitteln, Lebensmitteln, Futtermitteln oder anderen Stoffen oder Produkten (Nr. 4);[353]
- Forschung im Hinblick auf die Erhaltung der Arten (Nr. 6).

Materiell sticht in diesem Katalog die Grundlagenforschung (Nr. 1) hervor, weil sie der einzige Versuchszweck ist, der keinen konkreten Interessen dient, die über die Erkenntnisgewinnung hinausgehen, die mit der Forschung verbunden ist.

Bei der Entscheidung, ob ein Tierversuch in diesem Sinne unerlässlich ist (zwingendes Erfordernis[354]), sowie bei der Durchführung von Tierversuchen ist der jeweilige Stand der wissenschaftlichen Erkenntnisse zugrunde zu legen (§ 7a Abs. 2 Nr. 1 TierSchG). Die Behörde muss diesen nach § 8 Abs. 2 Satz 3 TierSchG auch mit der gebotenen Detailliertheit ermitteln, um die Plausibilität des Versuchskonzept zu beurteilen. Es kommt insoweit sowohl auf die Fachlichkeit als auch die Aktualität des Wissens an. Es ist zudem zu prüfen, ob der verfolgte Zweck nicht durch andere Methoden oder Verfahren erreicht werden kann (§ 7a Abs. 2 Nr. 2 Satz 1 TierSchG). Dies verweist implizit auf die 3R-Standards („Reduction, Replacement, Refinement"),[355] auf die später noch näher einzugehen sein wird[356]. Versuche an Tieren, deren artspezifische Fähigkeit, unter den Versuchseinwirkungen zu leiden, stärker entwickelt ist, dürfen nur durchgeführt werden, soweit Tiere, deren derartige Fähigkeit weniger stark ent-

---

[353] Eingehend zu den Voraussetzungen insbesondere bei Arzneimittelprüfungen *J. Chmielewska/B. Bert/B. Grune/G. Schönfelder*, Rechtliche Aspekte der Anwendung des pharmakologisch wirksamen Stoffs Tamoxifen bei der konditionellen Genausschaltung im Versuchstier Maus, NuR 2019, S. 26 ff.

[354] *Hessischer VGH*, Beschl. v. 16.6.2004 – 11 UZ 3040/03, Rn. 9.

[355] *OVG Bremen*, Urt. v. 11.12.2012 – 1 A 180/10 und 1 A 367/10, ZUR 2013, S. 425 (426).

[356] Unten VI. 3.

wickelt ist, für den verfolgten Zweck nicht ausreichen (§ 7a Abs. 2 Nr. 5 TierSchG). Dies setzt wiederum hinreichendes Fachwissen voraus, wie die Leidensfähigkeit von Tieren entwickelt ist und wie diese – zumal bei taxonomisch weit entfernten Arten – verglichen werden kann. Jeweils wird die Verfügbarkeit spezifischen Wissens über die Empfindens- und Leidensfähigkeit eines Tieres (und damit implizit über ein entsprechend ausdifferenziertes Bewusstsein) vorausgesetzt. Ethische Evaluierungen können Werturteile immer nur auf der Grundlage von Tatsachenwissen über das verursachte Leiden treffen.[357] Die gerade insoweit bestehenden Wissensdefizite und Unsicherheiten schlagen dann auf die Ebene der Rechtfertigung von Tierversuchen im Genehmigungsverfahren durch.

## *2. Ethische Rechtfertigung*

Versuche an Wirbeltieren oder Kopffüßern dürfen nur durchgeführt werden, wenn die zu erwartenden Schmerzen, Leiden oder Schäden der Tiere im Hinblick auf den Versuchszweck – also im Rahmen einer konkreteinzelfallbezogenen Betrachtung[358] – ethisch vertretbar sind (Nr. 3). Hierbei handelt es sich um ein normatives Abwägungsprogramm,[359] das der vollen gerichtlichen Kontrolle unterliegt.[360] Der Genehmigungsbehörde kommt insoweit kein Beurteilungsspielraum zu.[361] Die normativ-relatio-

---

[357] *L. Carbone*, Pain in Laboratory Animals: The Ethical and Regulatory Imperatives, PLoS ONE 6 (2011), Nr. 9, Article e21578, S. 1 (3 f.).

[358] *BVerwG*, Beschl. v. 20.1.2014 – 3 B 29/13, NVwZ 2014, S. 450 (451); *OVG Bremen*, Urt. v. 11.12.2012 – 1 A 180/10 und 1 A 367/10, ZUR 2013, S. 425 (427).

[359] *BVerfG-K*, Beschl. v. 20.6.1994 – 1 BvL 12/94, NVwZ 1994, S. 894 (895); *OVG Bremen*, Urt. v. 11.12.2012 – 1 A 180/10 und 1 A 367/10, ZUR 2013, S. 425 (426); *VG Bremen*, Urt. v. 28.5.2010 – 5 K 1274/09, DVBl 2010, S. 1044 (1045).

[360] *OVG Bremen*, Urt. v. 11.12.2012 – 1 A 180/10 und 1 A 367/10, ZUR 2013, S. 425 (428).

[361] *BVerwG*, Beschl. v. 20.1.2014 – 3 B 29/13, NVwZ 2014, S. 450 (451). Das Gericht verwirft hier auch das Argument des beklagten Landes, da es bei der ethischen Vertretbarkeit um eine normative Wertungsfrage gehe, könne diese nur von der demokratisch legitimieren Exekutive des Landes angemessen getroffen werden. Normative Abwägungen gehören zu den Kernaufgaben der Rechtsanwendung, die hier weder der Ethik unterlegen ist (zutreffend *R. Poscher*, Was Juristen besser können als Ethiker: Ein interdisziplinäres Argument für die gerichtliche Kontrolle von Ethikkommissionen, in: S. Vöneky [Hrsg.], Ethik und Recht – Die Ethisierung des Rechts, 2013, S. 433 ff.) noch spezifischen Legitimationsbedarf nach sich zieht, wie das *BVerwG* auch unter Rekurs auf Art. 19 Abs. 4 GG zutreffend betont. Auf der anderen Seite steht die Wissenschaftsfreiheit (Art. 5 Abs. 3 Satz 1 GG), die es verbietet, Forschung unter den Vorbehalt einer behördlich generierten Ethik zu stellen. Ebenso die Vorinstanz *OVG Bremen*, Urt. v. 11.12.2012 – 1 A 180/10 und 1 A 367/10, ZUR 2013, S. 425 (428); *VG Bremen*, Urt. v. 28.5.2010 – 5 K 1274/09, DVBl 2010, S. 1044 (1046); *VG Köln*, Urt. v. 22.8.2018 – 21 K 11572/17, Rn. 33.

nale Rechtfertigung setzt jedoch nach allgemeinen Grundsätzen[362] voraus, dass das Abwägungsmaterial in tatsächlicher Hinsicht vollständig, sachlich richtig und nach den rechtlich relevanten Parametern zusammengetragen wurde. Das bringt das Tierversuchsrecht in eine Abhängigkeit von einem durchweg sehr fluiden und sich rasant fortentwickelnden Erkenntnisstand der jeweiligen Fachwissenschaft(en). Nicht nur, aber mit besonderer Drastik überstrapaziert dies in kleinen Orchideendisziplinen wie der Forschung mit Cephalopoden die Leistungsfähigkeit von Fachverwaltungen nebst ihren bürokratischen Routinen.

### *a) Ermittlung der Belastung*

Eine den dargestellten rechtlichen Anforderungen genügende Abwägung

> „erfordert zunächst, dass die Schmerzen, Leiden oder Schäden, die den Tieren durch die Versuche zugefügt werden, zutreffend erfasst und bewertet werden".[363]

Konkret ist im Rahmen einer Belastungsbeurteilung „zu klären, in welchem Ausmaß den Tieren durch die Versuche Schmerzen, Leiden oder Schäden zugefügt werden".[364] Grundsätzlich liegt dem ein Konzept standardisierter Belastungsgrade zugrunde (vgl. Art. 15 RL 2010/63/EU)[365], worauf § 15 Abs. 4 TierSchG i. V. mit §§ 18, 31 Abs. 1 Satz 2 Nr. 2 lit. b TierSchVersV verweist. Handelt es sich hingegen um nicht hinreichend standardisierte Versuche, ist die Belastung einzelfallbezogen und „unter Einbeziehung des einschlägigen veterinärkundlichen Sachverstandes" vorzunehmen.[366] Dies setzt freilich voraus, dass es entsprechenden Sachverstand gibt. Insoweit geht das Tierversuchsrecht – ohne in seiner Anwendung hierauf beschränkt zu sein – implizit von administrierbaren Standardsituationen aus, in denen

---

[362] Zur Abwägungskontrolle nur *W. Hoffmann-Riem/A. Pilniok*, Eigenständigkeit der Verwaltung, in: A. Voßkuhle/M. Eifert/C. Möllers (Hrsg.), Grundlagen des Verwaltungsrechts, Bd. I, 3. Aufl. (2022), § 12 Rn. 160 ff.; *M. Jestaedt*, Maßstäbe des Verwaltungshandelns, in: D. Ehlers/H. Pünder (Hrsg.), Allgemeines Verwaltungsrecht, 16. Aufl. (2022), § 11 Rn. 52 f.; *U. Ramsauer*, Rechtsschutz durch nachvollziehende Kontrolle, in: Festgabe 50 Jahre BVerwG, 2003, S. 699 (720 ff.); *E. Schmidt-Aßmann*, Verwaltungsverantwortung und Verwaltungsgerichtsbarkeit, in: Festschrift f. Rupert Scholz, 2007, S. 539 (552 ff.).

[363] *OVG Bremen*, Urt. v. 11.12.2012 – 1 A 180/10 und 1 A 367/10, ZUR 2013, S. 425 (426).

[364] *OVG Bremen*, Urt. v. 11.12.2012 – 1 A 180/10 und 1 A 367/10, ZUR 2013, S. 425 (429).

[365] Beispiele für Cephalopoden bei *Cooke/Anderson/Andrews et al.* (Fn. 349), S. 552–554.

[366] *OVG Bremen*, Urt. v. 11.12.2012 – 1 A 180/10 und 1 A 367/10, ZUR 2013, S. 425 (426 f.).

sich die Folgen für das Tierwohl hinreichend abschätzen lassen.[367] Der Boden dieser alltagstauglichen Prämisse wird aber dort verlassen, wo entsprechendes Erfahrungswissen nicht zur Verfügung steht und sich auch keine tragfähigen Analogieschlüsse ziehen lassen, die meist implizit auf einer phylogenetischen Nähe zum Menschen gründen werden. So hat das Oberverwaltungsgericht Bremen im bislang einzigen Streitfall des Tierversuchsrechts, der durch alle Instanzen gegangen ist, Folgendes ausgeführt:

„Bei Tieren, die den Menschen stammesgeschichtlich nahestehen, kann weiter die Frage einer entsprechenden menschlichen Schmerz- oder Leidensreaktion Bedeutung erlangen, wobei es allerdings – auch im Sinne eines ethischen Tierschutzes – nicht gerechtfertigt wäre, tierische Bedürfnisse zu vermenschlichen. Die Verhaltensbeobachtungen müssen vielmehr auf die Artspezifik des jeweiligen Tieres, d. h. ihre ethologische Prägung Rücksicht nehmen".[368]

Diese Maßstabsbildung überzeugt in der Sache. Sie trägt aber nicht, sobald Versuchstiere verwendet werden, deren Schmerz- oder Leidensreaktion – wie im Fall der Cephalopoden – mangels hinreichenden Verständnisses für die Struktur des Nervensystems nur begrenzte Aussagen zulässt. Beurteilungen, über welche Nozizeptoren ein Tier verfügt, wie Reize im ZNS verarbeitet werden, ob physiologische Anzeichen für ein Schmerzempfinden bestehen oder ob Rezeptoren für eine mögliche Schmerzblockade (z. B. Opioid- oder Cannabinoid-Rezeptoren) vorhanden sind, setzen seinerseits komplexe Tierversuche und experimentelle Bestätigung voraus. Gerade bei Cephalopoden ist die Distanz zu gut erforschten Taxa, die standardmäßig in Tierversuchen verwendet werden (insbesondere Nagetiere), sehr weit und einfache Analogieschlüsse verbieten sich. Insoweit kann es also nur um eine tastende Abschätzung gehen,[369] die selbstreflexiv die mit den Versuchen fortwährend erlangten Erkenntnisse wieder in den Forschungsprozess und damit in die Bewertungen einspeist. Fehlt es also an hinreichendem Wissen über Schmerzempfinden und Leidensfähigkeit, gehört es zu den wissenschaftsethischen Imperativen, die Datenlage zu verbessern.[370] Das ist aber ohne Empirie und damit ohne weitere Forschung kaum zu erreichen.

---

[367] Gewiss müssen im Einzelnen die Folgen für Cephalopoden in der Gefangenschaft möglichst präzise erfasst und verarbeitet werden. Von Gewicht ist sicherlich, wenn Schäden an den Tieren irreversibel sind. So zutreffend *VG Bremen*, Beschl. v. 19.12.2008 – 5 V 3719/08, Rn. 16. Die sehr kurze Lebensspanne von Cephalopoden (bei *Sepia officinalis*, *Octopus vulgaris* um die eineinhalb Jahre, bei *Euprymna scolopes* bis zu ein Jahr) relativiert dies freilich wiederum.

[368] *OVG Bremen*, Urt. v. 11.12.2012 – 1 A 180/10 und 1 A 367/10, ZUR 2013, S. 425 (429).

[369] In diesem Sinne *Cooke/Anderson/Andrews et al.* (Fn. 349), S. 559.

[370] *Carbone* (Fn. 257), S. 4.

Ursprünglich war von der Rechtsprechung herausgearbeitet worden, dass die wissenschaftlich begründete Darlegung des Forschungsinteresses mit Blick auf Art. 5 Abs. 3 Satz 1 GG nur einer Plausibilitätskontrolle unterliegt.[371] Die Ermittlung der Belastung war jedenfalls insoweit mit Art. 5 Abs. 3 Satz 1 GG vereinbar.[372] Die letzte größere Novelle des Tierschutzgesetzes[373] hat zwar im Juni 2021 die Prüfungskompetenz der Behörde neu gefasst: Die Prüfung durch die zuständige Behörde erfolgt nach § 8 Abs. 1 Satz 3 TierSchG mit der Detailliertheit, die der Art des Versuchsvorhabens angemessen ist. Zudem muss der Versuch nunmehr nach § 8 Abs. 1 Satz 2 Nr. 1 TierSchG aus wissenschaftlicher Sicht „gerechtfertigt" sein, wo zuvor lediglich eine wissenschaftlich begründete Darlegung gefordert wurde. Damit wollte der Gesetzgeber die Anforderungen der Tierversuchsrichtlinie – in ihrer bisweilen eigenwilligen Deutung durch die Europäische Kommission – umsetzen.[374]

In der Sache hat sich durch diese Änderung am Prüfungsmaßstab gleichwohl nichts Substanzielles geändert.[375] Erstens ging der Gesetzgeber selbst davon aus, dass die Änderung nur das deutsche Recht an den Wortlaut der Richtlinie anpassen sollte, die Änderung aber rein klarstellender Natur sei.[376] Zweitens verlangt die umzusetzende Richtlinie keine behördliche Entscheidung über Fragen wissenschaftlicher Richtigkeit (vgl. Art. 38 Abs. 1 RL 2010/63/EU), sie verlangt nur eine vollständige Bewertung des Projektes und eine eigenverantwortliche behördliche Entscheidung auf der Grundlage wissenschaftlichen Fachwissens (Art. 38 Abs. 2–3 RL 2010/63/EU).[377] Die Wissenschaftsfreiheit (Art. 5 Abs. 3 Satz 1 GG), die auch unionsrechtlich – obgleich mit bislang opakem Gehalt[378] – gesi-

371 *Hessischer VGH*, Beschl. v. 29.1.2003 – 11 TG 3210/02, NVwZ 2003, S. 881 (882); *OVG Bremen*, Urt. v. 11.12.2012 – 1 A 180/10 und 1 A 367/10, ZUR 2013, S. 425 (427); *VG Berlin*, Urt. v. 7.12.1994 – 1 A 232.92, Rn. 47.

372 *BVerfG-K*, Beschl. v. 20.6.1994 – 1 BvL 12/94, NVwZ 1994, S. 894 (895).

373 Gesetz zur Änderung des Tierschutzgesetzes – Schutz von Versuchstieren v. 18.6.2021 (BGBl. I S. 1828).

374 BT-Drs. 19/27629, S. 18.

375 *K. F. Gärditz*, Neues Tierversuchsrecht – neue behördliche Prüfungskompetenzen?, Laborjournal 3/2022, S. 24 (25 ff.). Abweichend aber *Hirt/Maisack/Moritz/Felde* (Fn. 283), § 8 Rn. 9 ff.

376 BT-Drs. 19/27629, S. 18.

377 Vgl. auch *Löwer* (Fn. 350), S. 128, der zutreffend darauf hinweist, dass auch eine Plausibilitätskontrolle ein substantielles Kontrollniveau sicherstellt und nicht zur bloßen Fomalkontrolle verkommt.

378 Vgl. erhellend immerhin *J. F. Lindner*, Europäisierung des Wissenschaftsrechts, 2009, S. 86 ff.; *W. Löwer*, Tierversuchsrichtlinie und nationales Recht, 2012, S. 39 ff., 97 ff.; *M. Payandeh*, Wissenschaftsadäquanz der europäischen Forschungsförderung, in: A. Funk/K. F. Gärditz/U. Pallme König (Hrsg.), Auf dem Weg zu einem europäischen Wissenschaftsrecht?, 2016, S. 97 ff.

chert ist (Art. 13 GRCh), verbietet drittens richtigerweise eine Prüfung von Forschungsinhalten mit einer Dichte, die faktisch zu einer behördlichen Determination führen würde, welche Forschung erwünscht ist und welche nicht.

Im Übrigen legt Art. 38 RL 2010/63/EU jenseits der Prüfungsverantwortung der Behörde die konkrete Ausgestaltung der Aufklärung des Sachverhalts nicht fest, weshalb Gestaltungsfreiheit für die Mitgliedstaaten verbleibt[379] und auch hier nach allgemeinen Grundsätzen die Bindung an nationale Grundrechte erhalten bleibt. Mit Art. 5 Abs. 3 Satz 1 GG, der insoweit die Anforderungen des Art. 13 GRCh durch Parallelgewährleistung im nicht vollständig harmonisierten Bereich absichert,[380] wäre es unvereinbar, wenn Forschung daran scheitern würde, dass kein hinreichendes Wissen über die Empfindungsfähigkeit eines Tieres vorhanden ist und ein fiktiver Stand der Wissenschaft schlicht nach Vorsorgeprinzip unterstellt würde. Die Inadäquanz einer rein vorsorgeorientierten Erledigung von Unsicherheit zeigt sich schon daran, dass eine Worst-case-Betrachtung konsequenterweise dazu zwingen würde, immer eine maximale Empfindlichkeit zu unterstellen, die aber – mangels Zulässigkeit von Versuchen – praktisch nicht zu widerlegen wäre. Das Tierwohl als valide Eingriffsrechtfertigung, die sich auf Art. 20a GG stützt, lässt die Darlegungslasten unberührt.[381] Wird also in die Forschungsfreiheit eingegriffen, muss der Staat eine hinreichend wahrscheinliche Gefährdung des Tierwohls als Eingriffsrechtfertigung (vgl. Art. 52 Abs. 1 Satz 2 GRCh) nachweisen. Das setzt zum einen voraus, dass auftretende Schmerzen oder verursachte Leiden durch eine konkrete Versuchsanordnung aufgrund der verfügbaren Kenntnisse zumindest hinreichend plausibel sind. Zum anderen muss die verbleibende Unsicherheit zugunsten der Forschungsinteressen jedenfalls dann eingepreist werden, wenn ein Forschungsvorhaben dazu beitragen kann, das einschlägige Risikowissen zu verbessern.

Für die Cephalopodenforschung bedeutet dies also, sich auf unsichere Modelle der kognitiven Reizverarbeitung einzulassen und die Unsicherheit aktiv in einer wissenschaftsadäquaten Weise zu prozessieren, statt sich mit spekulativen Annahmen zu begnügen, die letztlich kurzschlussartig komplexe Verhaltensmuster und graduelle Lernfähigkeit mit bewusstem Empfinden von Schmerz und Leid gleichsetzen. Geboten ist ein vorsich-

379 Vgl. *Löwer* (Fn. 378), S. 138 f.

380 Allgemein *BVerfGE* 152, 152 (171 ff.); 152, 216 (233 f.).

381 *OVG Bremen*, Urt. v. 11.12.2012 – 1 A 180/10 und 1 A 367/10, ZUR 2013, S. 425 (435). Mangels Entscheidungserheblichkeit offengelassen *Hessischer VGH*, Beschl. v. 16.6.2004 – 11 UZ 3040/03, Rn. 3. Völlig überzeichnete Ableitungen aus Art. 20a GG etwa bei *B. Felde*, Verhaltensgerecht: Tierschutzrelevantes Wissen in Gesetzgebung, Verwaltungsverfahren und Verwaltungsprozess, 2019, S. 265 ff.

tiger Umgang mit Tierwohlbelangen, der tastend vorgeht und sich beständig die Wissensunsicherheiten bewusst macht, die das Gewicht der aus Gründen der Vorsorge fingierten Tierwohlbelange angemessen relativiert. Der sehr unterschiedliche Härtegrad der Indizien, die für eine mögliche Leidensfähigkeit angeführt werden, muss entsprechend in einem offenen Prozess berücksichtigt werden, der aktiv im Blick behält, dass nicht nur der biowissenschaftliche Kenntnisstand einer fortwährenden Verbesserung bedarf, sondern die Zuschreibung von Bewusstsein auch ein Definitionsproblem ist, das über eine normative Plastizität verfügt und allen Beteiligten (Rechtsetzenden, Verwaltungen und Forschenden) rationale Gründe abverlangt, die sich fortwährend ändern können.

### *b) Ermittlung der wissenschaftlichen Bedeutung*

In die andere Waagschale werden nun die konkreten Forschungsinteressen geworfen, deren Erkenntnisziel den jeweils in Rede stehenden Tierversuch unerlässlich machen. Auch diese Anforderung ist wissensabhängig, weil sich der Forschungsertrag nur aus dem bereits vorhandenen Wissen und den zur Generierung neuen Wissens eingesetzten Zielen sowie Methoden ergibt. Die Rechtsprechung betont mit Recht die Notwendigkeit,

> „dass die Bedeutung des Versuchsvorhabens zutreffend bestimmt wird. Diesbezüglich kann sowohl–im Rahmen der anwendungsorientierten Forschung – der praktische Nutzen als auch – im Rahmen der Grundlagenforschung – der abstrakte Erkenntnisgewinn von Belang sein. In beiden Fällen ist zu berücksichtigen, dass Wissenschaft grundsätzlich ein von Fremdbestimmung freier Bereich autonomer Verantwortung ist“.[382]

Grundlagenforschung lässt sich per se – verstärkt durch die Rechtsprechung des BVerfG[383] – nicht an gesellschaftlichen Nützlichkeitserwägungen messen. Das bedeutet aber nicht, dass Grundlagenforschung damit von vornherein keiner Abwägung zugänglich wäre, weil der Nutzen gar nicht zu bemessen sei, sondern nur, dass der spezifische Erkenntnisgewinn der Forschung für das jeweilige Fach als relevantes Interesse anzusetzen ist.[384] Die Kommissionen nach § 15 Abs. 1 Satz 2 TierSchG beraten die Genehmigungsbehörden und können insoweit dazu beitragen, diese bei ihrer Aufgabeerfüllung durch ergänzendes Fachwissen zu unterstützen[385] und

[382] *OVG Bremen*, Urt. v. 11.12.2012 – 1 A 180/10 und 1 A 367/10, ZUR 2013, S. 425 (427).

[383] *BVerfGE* 111, 333 (354).

[384] Vgl. zutreffend *BVerwG*, Beschl. v. 20.1.2014 – 3 B 29/13, NVwZ 2014, S. 450 (452).

[385] Vgl. *K. Pröbstl*, Das Recht der Tierversuche unter Berücksichtigung unionsrechtlicher Vorgaben, 2017, S. 138.

eine fachlich kompetente sowie zeitnahe Bewertungen zu ermöglichen.[386] Sie führen aber nicht zu einer Verschiebung der Prüfungskompetenz der Behörde,[387] die entscheidend durch die Forschungsfreiheit nach Art. 5 Abs. 3 Satz 1 GG bzw. Art. 13 GRCh begrenzt wird.[388] Daran hat auch § 8 Abs. 1 Satz 3 TierSchG nichts geändert, der lediglich deklaratorisch feststellt, dass die Behörde die relevanten Fachfragen hinreichend aufzuklären hat. Das folgt letztlich bereits aus § 24 VwVfG, das korrespondierende Beweismittelrecht aus § 26 Abs. 1 Nr. 2 VwVfG[389]. Es bleibt zudem eine von der Komplexität des Einzelfalls abhängige Beurteilung,[390] wie weit sich die notwendige Durchdringungstiefe erstrecken muss und im Lichte des Art. 5 Abs. 3 Satz 1 GG erstrecken darf.[391]

### *aa) Wissenschaftsfreiheit als Grenze der Kognitionstiefe*

Das *Verwaltungsgericht Köln* hat in jüngerer Zeit die Auffassung vertreten, die Unerlässlichkeit eines Tierversuchs sei gerichtlich voll überprüfbar, woran auch Art. 5 Abs. 3 Satz 1 GG nichts ändere.[392] Dies überzeugt nicht. Die Genehmigungsbehörde handelt in Ausübung grundrechtsgebundener öffentlicher Gewalt (Art. 1 Abs. 3 GG) und muss die sich aus der Wissenschaftsfreiheit (Art. 5 Abs. 3 Satz 1 GG) ergebenden Grenzen nach dem allgemeinen Gebot der Wissenschaftsadäquanz[393] beachten. Fachliche Informationen, die die Tierschutzbehörde zur Prüfung der Genehmigungsvoraussetzungen nach § 8 Abs. 1 TierSchG benötigt, werden nach der besonderen Funktion des Verfahrens nicht einfach nur als kognitives Ent-

---

[386] *J. Guillén/S. Robinson/T. Decelle/C. Exner/M. V. van Vlissingen*, Approaches to animal research project evaluation in Europe after implementation of Directive 2010/63/EU, Laboratory Animal 44 (2015), S. 23 (30).

[387] Offen gelassen *Hessischer VGH*, Beschl. v. 16.6.2004 – 11 UZ 3040/03, Rn. 6.

[388] Zutreffend bereits *VG Berlin*, Urt. v. 7.12.1994 – 1 A 232.92, Rn. 52.

[389] Vgl. *Hirt/Maisack/Moritz/Felde* (Fn. 283), § 8 Rn. 13.

[390] BT-Drs. 19/27629, S. 34.

[391] Dass nach *Hirt/Maisack/Moritz/Felde* (Fn. 283), § 8 Rn. 24, die Norm nicht als Einschränkung der behördlichen Prüfzuständigkeit zu verstehen sei, ist zwar insoweit richtig. Sie erweitert aber die Prüfzuständigkeit auch nicht, sondern belässt sie in dem Rahmen, den insbesondere das geltende Verfassungsrecht zulässt.

[392] *VG Köln*, Urt. v. 22.8.2018 – 21 K 11572/17, Rn. 33. Soweit das Gericht hier die Entscheidung des *BVerwG* (Beschl. v. 20.1.2014 – 3 B 29/13, NVwZ 2014, S. 450) bezieht, ist das ungenau und vermag diese Aussage nicht zu tragen. An der entscheidenden Stelle hat das *BVerwG* lediglich die Argumente der Verwaltung zurückgewiesen, diese habe einen Beurteilungsspielraum. Es hat sich aber zur Frage, inwiefern den Forschenden bei der Ermittlung der Beurteilungsgrundlagen eine Prärogative zukommt, nicht geäußert.

[393] *BVerfGE* 35, 79 (129 ff., 143); 47, 327 (387); 111, 333 (352 f., 363); 127, 87 (114, 117 f.); 136, 338 (359 f., 363 f.); 139, 148 (174); *K. F. Gärditz*, in: Dürig/Herzog/Scholz, GG, Art. 5 Abs. 3 (Wissenschaft), Stand: 99. EL (2022), Rn. 210.

scheidungswissen benötigt. Informationen fließen vielmehr als spezifisch wissenschaftliches Wissen in die Entscheidungsfindung ein. Die Methoden (tierexperimentelle eingeschlossen[394]), die Bestimmung des Erkenntnisstandes und die Festlegung der Erkenntnisziele sind aber Kerngehalt der Wissenschaftsfreiheit nach Art. 5 Abs. 3 Satz 1 GG,[395] richtigerweise auch der nach Art. 13 GRCh. Die Bewertung wissenschaftlicher Aussagen nach wissenschaftlich-fachlichen Kriterien der Richtigkeit bleibt Trägern öffentlicher Gewalt, die grundrechtsgebunden sind (vgl. Art. 1 Abs. 3 GG, Art. 51 Abs. 1 GRCh), von vornherein verschlossen.[396] Es bleibt also dabei, dass die Behörde nur die Plausibilität eines autonom definierten Forschungsziels zu überprüfen hat,[397] dies aber gerade wissenschaftlich informiert tun muss. Das erfordert es, sich fachlich in die Lage zu versetzen, den Versuchsantrag hinreichend nachzuvollziehen. Was hingegen eine vertretbare wissenschaftliche Beurteilung ist, hat die Genehmigungsbehörde zu akzeptieren.[398] Ihr verbleibt nur die Verifikation, ob die Dar-

---

[394] *BVerfG-K*, Beschl. v. 20.3.2000 – 1 BvR 1834/97, NVwZ 2000, S. 909 (910); *BVerwGE* 105, 73 ff.; *G. Britz*, in: H. Dreier (Hrsg.), GG, Bd. I, 3. Aufl. (2013), Art. 5 Rn. 36; *K. F. Gärditz*, Invasive Tierversuche zwischen Wissenschaftsethik und Wissenschaftsfreiheit, in: Wolfgang Löwer/ders. (Hrsg.), Wissenschaft und Ethik, 2012, S. 97 ff.; *B. Kempen*, Grundfragen des institutionellen Hochschulrechts, in: M. Hartmer/H. Detmer (Hrsg.), Hochschulrecht, 4. Aufl. (2022), Kap. I Rn. 81; *Löwer* (Fn. 350), S. 76 ff.

[395] *BVerfGE* 35, 79 (112); 47, 327 (367); 90, 1 (11 f.); 87 (120); 141, 143 (164).

[396] *BVerfGE* 90, 1 (13); *BVerwGE* 102, 304 (311).

[397] Wie hier *U. Stelkens*, Erweitert das neue Staatsziel „Tierschutz" die behördliche Prüfdichte bei der Genehmigung von Tierversuchen?, NuR 2003, S. 401 ff. Abweichend aber beispielsweise *C. Raspé*, Zur Tierversuchsgenehmigung und deren gerichtlichen Überprüfbarkeit im Lichte des Art. 20a GG, RW 2016, S. 542 ff.

[398] *Löwer* (Fn. 378), S. 140. Aus der insoweit umgesetzten Bestimmung des Art. 38 Abs. 1 RL 2010/63/EU, die ihrerseits im Lichte des unionalen Grundrechts das Art. 13 GRCh auszulegen ist, folgt nichts Abweichendes. Dort wird nur eine Prüfung der Antragsvoraussetzungen verlangt, die praktisch wirksam sein muss (Art. 4 Abs. 3 EUV), aber weder nach Wortlaut noch nach Systematik die Kompetenz der nationalen Behörde, ihre eigenen Bewertungen an die Stelle derjenigen der Antragstellenden zu setzen. Der Rekurs auf einen Beurteilungsspielraum ist hier versperrt. Beurteilungsspielräume ergeben sich weder aus der Unbestimmtheit von Rechtsbegriffen noch aus der (normativ indifferenten) Struktur des Realbereichs. Sie folgen vielmehr aus dem Inhalt der normativen Ermächtigung. Vgl. zur normaticen Ermächtigungslehre nur *BVerwGE* 94, 307 (309 f.); 100, 221 (225 f.); *F. Gonsior*, Die Verfassungsmäßigkeit administrativer Letztentscheidungsbefugnisse, 2018, S. 104 ff.; *Jestaedt* (Fn. 362), § 11 Rn. 39 f.; *W. Kahl/M. Burs*, Beurteilungsspielräume der Verwaltung um Naturschutzrecht (Teil 1), DVBl 2016, S. 1157 ff.; *R. Poscher*, Beurteilungsspielraum, in: *W. Kahl/M. Ludwigs* (Hrsg.), Handbuch des Verwaltungsrechts, Bd. V, 2023, § 129 Rn. 65 ff.; *Schmidt-Aßmann* (Fn. 8), S. 217 ff.; *R. Wahl*, Risikobewertung der Exekutive und richterliche Kontrolldichte – Auswirkungen auf das Verwaltungs- und das gerichtliche Verfahren, NVwZ 1991, S. 409 (410 ff.); *M. Wendel*, Verwaltungsermessen als Mehrebenenproblem, 2019, S. 29 ff. Die Reichweite einer einfachgesetzlichen normativen Ermächtigung wird aber immer auch bestimmt durch die normativen Koordinaten, die insbesondere das höherrangige

legungen in einem Forschungsantrag konsistent, kohärent und dem Stand der Forschung entsprechend ausgearbeitet sind. Auch das erfordert bereits fundiertes Fachwissen; eine Genehmigungsbehörde darf hier weder spekulieren noch sich nicht vorhandenes Wissen anmaßen, sie kann sich aber ggf. ergänzenden Sachverstand durch verwaltungsexterne Expertise verschaffen. Auch Expertise (z. B. durch Sachverständigengutachten im Rahmen des § 26 Abs. 1 Satz 2 Nr. 2 VwVfG) rechtfertigt es freilich nicht, vertretbare wissenschaftliche Einschätzungen durch abweichende Positionen zu ersetzen, die die Behörde für vorzugswürdig hält, selbst wenn sie sich hierzu ihrerseits auf Stimmen in der Wissenschaft beziehen kann. Die Entscheidung wissenschaftlicher Meinungsstreitigkeiten ist vor dem Hintergrund der Forschungsfreiheit keine legitime staatliche Aufgabe; sie würde auch bürokratische Genehmigungsverfahren dysfunktional überfordern.

Für den Bereich der Tierversuche mit Cephalopoden, bei der das verfügbare Fachwissen im Wesentlichen in den Händen einer kleinen Gruppen vernetzter Forscherinnen und Forscher eines faszinierenden Orchideenfaches liegt, muss sich die Genehmigungsbehörde schon aus Respekt vor deren Forschungsfreiheit auf das dort aggregierte Fachwissen einlassen (vgl. auch § 32 Abs. 4a TierSchVersV). Grundrechtliche Freiheit zwingt hier letztlich zu behördlichem Freiheitsvertrauen[399], das unter den Bedingungen rechtsstaatlicher Freiheitsverteilung immer Vorschussvertrauen ist.

### *bb) Epistemische Verfahrensrationalität als Grenze der Kognitionstiefe*

Losgelöst vom Schutz der Wissenschaftsfreiheit, auf die sich die Antragstellenden im Genehmigungsverfahren berufen können, würde eine inhaltliche Prüfung der wissenschaftlichen Richtigkeit der Einordnungen, die einem Antrag zugrunde liegen, der Rationalität des Verwaltungsverfahrens zuwiderlaufen. Es gehört zu den basalen Prämissen einer modernen Staatsorganisation, Entscheidungen auf rationaler Wissensgrundlage zu treffen und sich die notwendige Expertise hierzu zu beschaffen.[400] Erst die hinreichende „Verfügbarkeit von Wissen schafft Handlungskapazität".[401] Der

---

Recht setzt. Insoweit ist das – unionsrechtlich hinsichtlich des Verfahrens der Sachverhaltsermittlung nicht vollständig determinierte – TierSchG im Lichte des Art. 5 Abs. 3 Satz 1 GG auszulegen, der einer Beurteilungsermächtigung zugunsten der Verwaltung in originär wissenschaftlichen Wahrheitsfindungsfragen entgegensteht.

[399] Zum Begriff *P. Kirchhof*, Verfassung, Theorie und Dogmatik, in: J. Isensee/ders. (Hrsg.), Handbuch des Staatsrechts, Bd. XII, 2014, § 273 Rn. 27.

[400] *A. Voßkuhle*, Sachverständige Beratung des Staates, in: J. Isensee/P. Kirchhof (Hrsg.), HStR III, 3. Aufl. (2005), § 43 Rn. 1 ff.

[401] *A. Voßkuhle*, Expertise und Verwaltung, in: H.-H. Trute/T. Groß/H. C. Röhl/C. Möllers (Hrsg.), Allgemeines Verwaltungsrecht, 2008, S. 637 (642).

Grad der „Expertifizierung" in hoheitlichen Entscheidungsprozessen fällt hierbei je nach Verwaltungsauftrag sehr unterschiedlich aus.[402] Würde eine Genehmigungsbehörde in die Details der fachwissenschaftlichen Diskurse in oftmals sehr spezifischen und extrem voraussetzungsvollen Zweigen der Life Sciences einsteigen, käme es zu einer strukturellen Überschreitung des Horizonts rationaler Wissensverarbeitung, der die Kognitionspflicht einer operativen Verwaltungsbürokratie beschränkt.[403] Das Bundesverfassungsgericht hat insoweit in seiner Senatsentscheidung zur Bewertung ökologischer Schadensrisiken im Naturschutzrecht anerkannt, dass rechtliche Verfahren kein geeignetes Forum sind, die filigranen Erkenntnisprozesse einer pluralen und multipolaren Fachwissenschaft zu simulieren und deren Ergebnisse verfahrensförmlich nachzuholen oder zu generieren. Einem Verwaltungsgericht sei durch die Garantie effektiven Rechtsschutzes nach Art. 19 Abs. 4 Satz 1 GG nicht auferlegt, ein außerrechtliches tatsächliches Erkenntnisdefizit aufzulösen. Gerichte seien

> „nicht in der Lage, fachwissenschaftliche Erkenntnislücken selbständig zu schließen, und auch nicht verpflichtet, über Ermittlungen im Rahmen des Stands der Wissenschaft hinaus Forschungsaufträge zu erteilen".[404]

Juristisches Entscheidungswissen wird daher funktionsbezogen immer unvollkommen bleiben.[405] Für Verwaltungsverfahren gilt nichts anderes. In ihrem spezifischen Rationalisierungsanspruch, der sich nach – fachlich sehr unterschiedlichen – Richtigkeitskriterien und Methoden richtet, liegt der besondere Eigenwert von Wissenschaft, durch den sich diese von anderen sozialen Systemen abhebt.[406] Das gilt nicht nur gegenüber der Politik und ihren Mechaniken der Macht, sondern auch gegenüber der Verwaltung mit ihren bürokratischen Bedürfnissen nach starker Komplexitätsreduktion, nach Entscheidung in angemessener Zeit (hier konkret § 32 Abs. 1 Satz 1 TierSchVersV) und nach aktenförmlicher Handhabbarkeit[407]. Umso spezialisierter Forschung wird und umso weiter sie sich von einem Kernbereich routinierter Standardversuchstechnik entfernt, umso deutlicher wird es, dass auch eine Genehmigungsverwaltung ihre eigenen Grenzen akzeptieren und ihren Auftrag zur Amtsermittlung (§ 24 VwVfG) stärker arbeitsteilig-dialogisch mit den Entscheidungsadressaten erfüllen muss. Auch § 32 Abs. 4a TierSchVersV trägt dem implizit

402 *Voßkuhle* (Fn. 401), S. 657 f.
403 In eine ähnliche Richtung *Löwer* (Fn. 378), S. 138 f.
404 *BVerfGE* 149, 407 (414).
405 Vgl. *Voßkuhle* (Fn. 401), S. 641 f.
406 *Voßkuhle* (Fn. 401), S. 651; *P. Weingart*, Wissenschaftssoziologie, 2003, S. 84.
407 Zur medialen Präformation der Entscheidungsrationalität *C. Vismann*, Akten: Medientechnik und Recht, 2000; *dies.*, Die Medien der Justiz, 2011.

Rechnung. Tierversuche mit Cephalopoden sind hierfür ein anschaulicher Grenzfall, der verdeutlicht, wie weit sich Forschungsinteressen vom bürokratischen Standardhorizont eines Verwaltungsapparats entfernen können. Wissenschaftsnahe Genehmigungsverwaltung bewegt sich formaljuristisch in den Bahnen gebundener Ansprüche, die auf den ersten Blick nach der Schablone Baugenehmigung aussehen, tatsächlich aber durch den gänzlich abweichenden Inhalt präformiert werden, der die Verwaltung in die Denkstile und Erkenntnisstrukturen des modernen Forschungsprozesses zieht. Eine professionelle Verwaltung wird sich darauf einlassen, indem sie den Habitus des Imperativen ablegt und zum Gesprächspartner in einem Prozess der beidseitigen Wissensgenerierung wird.[408]

### *cc) Neurowissenschaftliche Grundlagenforschung und funktionale Selbstreferenz des Tierwohls*

Gerade wegen der epistemischen Lücke steigt die Bedeutung der Grundlagenforschung an. Lässt sich die Belastung durch einen Tierversuch nur begrenzt abschätzen, weil man über zu geringes Wissen verfügt, wie Signale im ZNS verarbeitet werden und ob hieraus eine Form von Empfinden resultiert, gewinnt das Interesse an neurowissenschaftlicher Grundlagenforschung an zusätzlichem Gewicht. Ohne solche Forschung lässt sich die Frage der Belastung kaum aufklären. Eine überzeichnete Vorsorge, die bereits die Forschung an denjenigen Themen unterbindet, die das noch opake Vorsorgewissen aufhellen könnten, würde letztlich nicht nur dazu führen, biowissenschaftliche Grundlagenforschung massiv zu behindern, sondern zugleich die kognitionswissenschaftliche Wissensgenerierung verhindern, die die tierschutzrechtliche Ratio der Vermeidung von Schmerzen und Leiden gerade voraussetzt.

Wissenszuwachs ist im Bereich der Cephalopoden vor allem durch die Zunahme an Tierversuchen entstanden,[409] die dann z. B. das Verständnis eröffnen, welches die Entwicklung von Techniken des Refinement[410] in den Bereich des Möglichen rückt. Neurowissenschaftliche Grundlagenforschung mit Tierversuchen eröffnet also überhaupt erst das maßgebliche Entscheidungswissen, auf dessen Grundlage sich Fragen des Tierwohls rational debattieren lassen. Der Tierversuch ist hier in besonderem Maße funktionale Selbstreferenz des Tierschutzes. Insoweit gewinnt dann der Eigenwert der Grundlagenforschung an zusätzlichem Gewicht, weil sie

---

[408] Zum Frankfurter Anschauungsfall unten VI. 2. c).

[409] *Moltschaniwskyj/Hall/Warnke et al.* (Fn. 102), S. 466; ähnlich *Di Cristina/Andrews/Ponte/Galligioni/Fiorito* (Fn. 229), S. 5.

[410] Unten VI. 3. c).

zugleich durchweg anwendungsbezogene Tierwohl-Forschung ist. Während die Menschenwürde (Art. 1 Abs. 1 GG; Art. 1 GRCh) es aufgrund eines unverfügbaren individuellen Kerns verbietet, Einzelnen schweres Leid aus kollektiven Gemeinwohlinteressen zuzumuten,[411] bleibt das Tierwohl ein relationaler Abwägungsfaktor, indem die Reduktion von Leiden künftiger (Versuchs-)Tiere mitunter eine Aufopferung heutiger Labortiere rechtfertigen kann. Die umgesetzte Regelungsstrategie der Tierversuchsrichtlinie erweist sich so einmal mehr als dysfunktional, als die Anwendung des Vorsorgeprinzips auf wissenschaftlich nicht hinreichend aufgeklärte, sondern schlicht unterstellte Leidensfähigkeit diejenigen Erkenntnisprozesse beeinträchtigt, die überhaupt erst zu einer rationalen und evidenzbasierten Anerkennung von Leidensfähigkeit führen. Insoweit verlagert sich das Grundsatzproblem der epistemischen Unschärfe in die Interessenabwägung, die die ethische Vertretbarkeit beurteilen soll.[412]

### c) *Prozedurale, iterative und kooperative Wissensgenerierung*

Verwaltungsverfahren sind nicht nur formale Entscheidungsorganisation, sondern auch eine Kommunikationsordnung,[413] die Informationsflüsse kanalisiert, Beteiligungsrechte sichert[414] und die Wissensordnung präformiert, die zu den kognitiven Entscheidungsgrundlagen[415] beiträgt. Durch die Verteilung von Entscheidungszuständigkeiten wird einerseits Koordination zwischen den Beteiligten ermöglicht, werden diese aber andererseits auch von der Verantwortung für die entfernteren Folgen ihres Handelns entlastet.[416] Kommunikative Begegnung zwischen Staat und Gesellschaft wird präformiert und strukturiert.[417] Jede Zuständigkeitszuweisung ist

---

[411] Exemplarisch *BVerfGE* 115, 118 (151 ff.); 149, 293 (327 ff.).

[412] Unten VI. 2. d).

[413] *C. Franzius*, Governance und Regelungsstrukturen, Die Verwaltung 39 (2006), S. 335 (352); *K. F. Gärditz*, Hochschulorganisation und verwaltungsrechtliche Systembildung, 2009, S. 57, 60, 82 f.; *A. Scherzberg*, Risikosteuerung durch Verwaltungsrecht: Ermöglichung oder Begrenzung von Innovationen?, VVDStRL 63 (2004), S. 214 (226); *C. Starck*, Freiheit und Organisation, 1976, S. 5.

[414] *E. Schmidt-Aßmann*, Zur Funktion des allgemeinen Verwaltungsrechts, Die Verwaltung 26 (1994), S. 137 (156).

[415] Vgl. staatsrechtlich *C. Möllers*, Kognitive Gewaltengliederung, in: H. C. Röhl (Hrsg.), Wissen – zur kognitiven Dimension des Rechts, 2010, S. 113 ff.; *K. von Lewinski*, Die Matrix des Datenschutzes, 2014, S. 60 f.

[416] Vgl. *K.-H. Ladeur*, Die rechtswissenschaftliche Methodendiskussion und die Bewältigung des gesellschaftlichen Wandels, RabelsZ 64 (2000), S. 60 (79).

[417] *E.-H. Ritter*, Organisationswandel durch Expertifizierung und Privatisierung im Ordnungs- und Planungsrecht, in: E. Schmidt-Aßmann/W. Hoffmann-Riem, Verwaltungsorganisationsrecht als Steuerungsressource, 1997, S. 207; *Schmidt-Aßmann* (Fn. 8), S. 239.

dabei Zuordnung von Verantwortung für die zu erfüllende Aufgabe,[418] was auch bedeuten kann (und unter grundrechtlichen Auspizien ggf. muss), behördliche Kognitionsverantwortung im Verwaltungsverfahren zurückzunehmen.

Wenn die Tierschutzbehörde bei ihrer Prüfung im Rahmen des § 8 Abs. 1 Satz 3 TierSchG ihrerseits wissenschaftsadäquate Zurückhaltung üben und nicht eigene wissenschaftliche Wertungen an die Stelle derer der Antragstellenden setzen darf, zugleich aber ein adäquates Prüfungsniveau aufrecht zu erhalten hat, muss sie sich letztlich auf eine verfahrensrechtliche Rolle einlassen, die die Antragstellenden als Dialogpartner ansieht. Das gesamte Regelungswerk der RL 2010/63/EU und dessen Umsetzung ist darauf angelegt, sehr offen gehaltene und abstrakte Standards durch Guidelines, Codizes und Anleitungen zu konkretisieren,[419] die dann aber im diskursiven Zusammenspiel von Verwaltung, tierexperimenteller Wissenschaft und ggf. Fachorganisationen evidenzbasiert auszuarbeiten sind.[420] Art. 49 RL 2010/63/EU mit Erwägungsgrund 48 ist darauf angelegt, „bewährte Praktiken" zu etablieren (Best-practice-Modell[421]). Das setzt jeweils implizit die Einbindung von Expertise voraus.[422] Auch die Begleitung der Genehmigungsverfahren durch eine beratende Kommission (§ 15 Abs. 1 Satz 2 TierSchG) war eigentlich primär als ein langfristiger, dialogischer und konsultativer Prozess und weniger als Lieferbetrieb für prozedurale Ad-hoc-Stellungnahmen konzipiert.[423] Entsprechendes gilt für die unionsrechtlich induzierte Forschungsdatenanerkennung (§ 7 Abs. 2a TierSchG), die zwar primär Mehrfachversuche vermeiden soll, aber zugleich auch einer iterativen Verbesserung der Datenlage dient.

Verfahren müssen den Sachverhalt, auf dessen Grundlage Entscheidungen ergehen sollen, autonom generieren, benötigen also komplexe Konstruktionsleistungen.[424] Sie können den Tatbestand jedoch nicht beliebig

---

[418] Vgl. *B. Remmert*, Private Dienstleistungen in staatlichen Verwaltungsverfahren, 2003, S. 201.

[419] *Codecasa/Pageat/Marcet-Rius/Cozzi* (Fn. 234), S. 2.

[420] *Fiorito/Affuso/Andrews et al.* (Fn. 100), S. 19.

[421] *D. J. Wells*, Animal welfare and the 3Rs in European biomedical research, Annals of the New York Academy of Sciences 1245 (2011), S. 14 (15).

[422] *I. A. S. Olsson/S. Pinto da Silva/D. Townend/P. Sandøe*, Protecting Animals and Enabling Research in the European Union: An Overview of Development and Implementation of Directive 2010/63/EU, Institute for Laboratory Animal Research Journal 57 (2016), S. 347 (355).

[423] *Smith/Andrews/Dickel et al.* (Fn. 198), S. 40.

[424] *Augsberg* (Fn. 279), S. 46 f.; *M. Breidenstein*, Zur Methodik der Verfahrensrechtsvergleichung, 2012, S. 22 f.; *W. Hoffmann-Riem*, Methoden einer anwendungsorientierten Verwaltungsrechtswissenschaft, in: E. Schmidt-Aßmann/ders. (Hrsg.), Methoden der Verwaltungsrechtswissenschaft, 2004, S. 11 (37); *ders.*, Verwaltungsverfahren und

konstruieren und brauchen ein Fenster in eine außerprozedurale Wirklichkeit, um auf einer „realistischen“ Basis zu operieren und die soziale Aufgabe angemessen zu erfüllen, gesellschaftliche Konflikte zu lösen und die Welt durch normative Intervention auch realiter zu gestalten.[425] Wissenschaftsbasierte Verwaltungsverfahren rekurrieren daher permanent auf Wissensbestände, die in den einschlägigen Fachwissenschaften ermittelt wurden und deren Erkenntnisprozesse sich nicht in juristischen Verfahren simulieren lassen.[426] Genehmigungsverfahren sind keine angewandte Tierschutzforschung, sie sind ein formales Setting, Wissen für eine innerprozedurale Verwaltung zu generieren, anderweitig erzeugt und Idealfall abrufbar ist. Über die Prozesse der Wissensgenerierung im Verfahren gewinnen dann mit der Konkretisierung und Individualisierung des Rechts auch andere Akteure an Einfluss,[427] hier z. B. Fachgesellschaften[428] wie die bisweilen faktisch als funktionales Regulierungsäquivalent fungierende *Federation of European Laboratory Animal Science Associations* (FELASA)[429]. Auch tierethisch motivierte Verwaltungsentscheidungen sind daher nur so gut oder so schlecht begründet, wie versuchsbezogenes und verlässliches Tierschutzwissen verfügbar ist.

---

Verwaltungsverfahrensgesetz – einleitende Problemskizze, in: ders./E. Schmidt-Aßmann (Hrsg.), Verwaltungsverfahren und Verwaltungsverfahrensgesetz, 2003, S. 9 (23 ff.); *P. Reimer*, Verfahrenstheorie, 2015, S. 285, 334 ff.; *G. Teubner*, Recht als autopoietisches System, 1989, S. 97 f.; *H.-H. Trute*, Staatsrechtslehre als Sozialwissenschaft?, in: H. Schulze-Fielitz (Hrsg.), Staatsrechtslehre als Wissenschaft, 2007, S. 115 (130).

425 *K. F. Gärditz/K. M. Linzbach*, Gesundheitswissen aus Behördenhand, 2022, S. 161 ff.

426 *K. F. Gärditz*, Dirty Drugs, 2022, S. 444 ff. Für eine grundsätzliche Untersuchung der filigranen Balance von wissenschaftsbasierter Expertise und Entscheidungswissen *L. Münkler*, Expertokratie, 2020.

427 *O. Lepsius*, Standardsetzung und Legitimation, in: C. Möllers/A. Voßkuhle/C. Walter (Hrsg.), Internationales Verwaltungsrecht, 2007, S. 345 (358 ff.). Dies in polemischer Einseitigkeit skandalisierend und verzerrend *Felde* (Fn. 381), S. 395 f.

428 Allgemein zum prozeduralen Erkenntniswert *BVerwG*, Urt. v. 30.4.2009 – 3 C 4/08, NJW 2009, S. 3593 (3594); *OVG Nordrhein-Westfalen*, Beschl. v. 16.9.2022 – 13 B 859/22, MedR 2023, S. 149 (149); Urt. v. 29.11.2022 – 9 A 2428/19, PharmR 2023, S. 189 (194); vgl. ferner *BVerfGE* 161, 299 Rn. 160, 184, 226, 241. Dass die Rezeptionseignung in einem Verwaltungsverfahren dabei durchaus voraussetzungsvoll ist, namentlich die Wissenschaftlichkeit und Neutralität hinreichend sichergestellt sein, muss kann hier nur angemerkt werden. S. dazu näher *B. Baade*, Wahrheit und Recht, 2023, S. 174 ff.; *K. Engelke*, Rechtliche Rezeption von Wissen in der Arzneimittelregulierung und gerichtliche Kontrolle, GesR 2011, S. 463 (466 ff.).

429 Die Mitgliedstaaten erkennen durchweg die Schulungen und die hierfür erteilten Zertifikate als Nachweise der entsprechenden Fachkunde an. S. Bericht der Kommission an das Europäische Parlament und den Rat v. 5.2.2020 über die Durchführung der Richtlinie 2010/63/EU zum Schutz der für wissenschaftliche Zwecke verwendeten Tiere in den Mitgliedstaaten der Europäischen Union, COM/2020/15 final, S. 5. Vgl. zum Angebot www.felasa.eu (abgerufen am 26.5.2023).

Es gibt nicht nur experimentelle Gesetzgebung,[430] sondern auch experimentelle Verwaltung.[431] Die Kombination aus offener gesetzlicher Rahmensetzung mit stark prozeduralem Setting bei gleichzeitiger Überantwortung des Vollzugs an Verhandlungsarrangements ist ein typisches Kennzeichen reflexiver Regelungsstrategien.[432] Das geltende Tierversuchsrecht trägt dem – obgleich wenig überzeugend erst auf untergesetzlicher Ebene – durchaus ansatzweise Rechnung. Die zuständige Genehmigungsbehörde berücksichtigt bei ihrer Entscheidung über das Vorliegen der Voraussetzungen nach § 8 Abs. 1 Satz 2 Nr. 1 lit. a und b TierSchG nach § 32 Abs. 4a TierSchVersV die wissenschaftlich begründeten Darlegungen des Antragstellers (§ 31 Abs. 1 Satz 2 Nr. 2 TierSchVersV) sowie die anderen eingereichten wissenschaftlichen Beurteilungen (§ 31 Abs. 3 TierSchVersV). Dieses diskursiv-reflexive Moment bleibt in den Routineverfahren der Tierversuchsgenehmigungen bisweilen unter den Schichten des Bürokratischen begraben, flammt aber immer dann auf, wenn es um unkonventionelle Fallkonstellationen geht. Cephalopoden sind alles andere als ein Routinefall des Tierversuchsrechts mit standardisierten Bewertungsmöglichkeiten und klaren Koordinaten der Einstufung. Wie dargelegt[433] bestehen über das Empfindungsvermögen und die kognitiven Fähigkeiten der Cephalopoden grundlegende Unsicherheiten, die sich nur iterativ dadurch abbauen lassen, dass intensiver geforscht wird.

Im Fall der Cephalopoden-Forschung am Max-Planck-Institut für Gehirnforschung in Frankfurt am Main wurden die kognitiven Herausforderungen letztlich dialogisch bewältigt. Als man mit den ersten Tierversuchen (im Zeitkontext der Richtlinienumsetzung) begann, fehlte einschlägige Fachliteratur über das Tierwohl von Cephalopoden in Tierversuchen fast vollständig und die Genehmigungsbehörde verfügte über keinerlei fachliche Grundlagen, die zu genehmigenden Versuche angemessen zu bewerten. Die Behörde war sich der eigenen Unwissenheit aber bewusst und ging damit konstruktiv um. Sie vertraute auf das in der Forschungseinrichtung aggregierte überlegene Fachwissen, ließ sich in diesem Vertrauen ggf. Konzepte erklären, wenn etwas noch nicht hinreichend nachvollzogen

---

430 Dazu *K. F. Gärditz*, Temporale Legitimationsasymmetrien, in: H. Hill/U. Schliesky (Hrsg.), Management von Unsicherheit und Nichtwissen, 2016, S. 253 (280 f.); *H.-D. Horn*, Experimentelle Gesetzgebung unter dem Grundgesetz, 1989; *U. Smeddinck*, Gesetzgebungsmethodik und Gesetzestypen, in: W. Kluth/G. Krings (Hrsg.), Gesetzgebung, 2014, § 3 Rn. 66.

431 Vgl. nur *Seckelmann* (Fn. 279), S. 208.

432 *I. Maus*, Perspektiven „reflexiven Rechts" im Kontext gegenwärtiger Deregulierungstendenzen, KJ 19 (1986), S. 390 (390). Vgl. auch *Augsberg* (Fn. 279), S. 7: „Reflexivierung" des Verwaltungsrechts.

433 Siehe IV. 2. und V.

werden konnte, und begleitete die Herausarbeitung einer Best Practice, die langsam erst entstehen musste.[434] Insoweit handelte die Tierschutzbehörde mit Verantwortungsbewusstsein und professioneller Zurückhaltung, verstand also das stark wissensabhängige Verfahren zutreffend als dialogischen Prozess, in dem sich Behörde und Versuchseinrichtung unter Wissensunsicherheit gemeinsam angemessene Praktiken erarbeiten. Das ist dann administrative Best Practice. Solches tastendes Vorgehen sollte Vorbild für andere tierschutzrechtliche Genehmigungsverfahren sein, in denen es meist nicht um Routinebeurteilungen geht, sondern an der Front des wissenschaftlichen Fortschritts über Forschungsbedarf verhandelt wird, der durchweg erst durch seine Neuartigkeit und der daraus erwachsenden Hoffnung auf grundlegenden Erkenntnisgewinn zu rechtfertigen ist.

### *d) Relationierende Abwägung*

Stehen die Parameter der Tierwohlbeeinträchtigung und des wissenschaftlichen Nutzens fest, muss die ethische Vertretbarkeit des Tierversuchs bewertet werden (§ 7a Abs. 2 Nr. 3 TierSchG), die sich – korrespondierend zur Schaden-Nutzen-Analyse nach Art. 38 Abs. 2 lit. d RL 2010/63/EU[435] – aus einer Abwägung der konkurrierenden Interessen ergibt. Dies ist eine originär normative Entscheidung, die sich nicht fachwissenschaftlich vornehmen lässt, sondern als rechtsnormative Bestimmung von Prioritäten und Posterioritäten gerichtlich vollständig überprüfbare Rechtsfrage bleibt. Besonderes Gewicht kommt hierbei der vorbehaltlos gewährleisteten Forschungsfreiheit zu (Art. 5 Abs. 3 Satz 1 GG),[436] die für die Durchführung der Tierversuche angeführt werden kann. Da das Unionsrecht nur eine Abwägung von Tierschutz- und Forschungsbelangen fordert (Art. 38 Abs. 2 lit. d RL 2010/63/EU), aber nicht die Abwägungsbelange in ihrer konkreten Gewichtung präformiert, verbleibt der Anwendungsbereich für die Forschungsfreiheit ungeschmälert, der wiederum der europäischen Wissenschaftsfreiheit (Art. 13 GRCh) korrespondiert, die als Primärrecht (Art. 6 Abs. 1 UAbs. 1 Halbs. 2 EUV) die Richtlinie und deren Regelungsgehalte überformt.

---

[434] Auskunft von MPI-Direktor Professor Dr. *Gilles Laurent* und Leiterin des Tierhauses Dr. *Emily Northrup* im Rahmen des Gesprächs v. 28.3.2023.

[435] *Pröbstl* (Fn. 285), S. 207; vgl. auch *C. Maisack*, Zur Neuregelung des Rechts der Tierversuche, NuR 2012, S. 745 (748).

[436] *VG Bremen*, Beschl. v. 19.12.2008 – 5 V 3719/08, Rn. 15. In dem früher klassischen Streit, ob sich Studierende erfolgreich auf ihre Gewissensfreiheit (Art. 4 Abs. 1–2 GG) berufen könnten, um die Teilnahme an Tierversuchen in der Lehre zu verweigern, wurde der durch Art. 5 Abs. 3 Satz 1 GG geschützten Lehrfreiheit in der Rechtsprechung der Vorrang eingeräumt, vgl. *Bayerischer VGH*, Beschl. v. 18.10.1988 – 7 CE 88.2150, NVwZ-RR 1989, S. 549 (551).

Das konkurrierende Staatsziel Tierschutz in Art. 20a GG präformiert lediglich das Gewicht des Tierwohls als Abwägungsbelang.[437] Mit der Einführung dieses Staatsziels in Art. 20a GG wurde überhaupt erst kollidierendes Verfassungsrecht zur Verfügung gestellt.[438] Insoweit genießt die Forschungsfreiheit (Art. 5 Abs. 3 Satz 1 GG) keinen unbedingten Vorrang gegenüber Belangen des Tierwohls (mehr).[439] Auch Tierschutz setzt sich allerdings nicht automatisch gegenüber konkurrierenden Belangen durch.[440] Erst recht gilt dies für das Unionsrecht,[441] wo dem nach Maßgabe der Art. 51, 52 GRCh strikt bindenden Grundrecht aus Art. 13 GRCh lediglich eine abstrakte Berücksichtigungspflicht für Tierschutzbelange (Art. 13 AEUV)[442] gegenübersteht. Die Forschungsfreiheit ist insoweit in einer offenen Abwägung mit dem verfassungsunmittelbaren Tierschutzziel des Art. 20a GG in Ausgleich zu bringen.[443]

„Als Belang von Verfassungsrang ist der Tierschutz […] im Rahmen von Abwägungsentscheidungen zu berücksichtigen und kann geeignet sein, ein Zurücksetzen anderer Belange von verfassungsrechtlichem Gewicht – wie etwa die Einschränkung von Grundrechten – zu rechtfertigen".[444]

Die Rechtfertigungslast liegt hierbei auf der Seite des intervenierenden Hoheitsträgers, nicht der grundrechtsberechtigten Forschenden. Soweit die §§ 7 ff. TierSchG wissenschaftliche Forschung im Lichte des Art. 5

---

437 *OVG Bremen*, Urt. v. 11.12.2012 – 1 A 180/10 und 1 A 367/10, ZUR 2013, S. 425 (427).

438 *K.-P. Sommermann*, in: I. von Münch/P. Kunig (Hrsg.), GG, Bd. 1, 7. Aufl. (2021), Rn. 60 Das Fehlen wurde zuvor teils als verfassungsrechtliches Defizit angesehen und die §§ 7 ff. TierSchG wurden mangels kollidierenden Verfassungsrechts, das Art. 5 Abs. 3 Satz 1 GG einzuschränken vermag, für verfassungswidrig erachtet. So etwa *M. Fielenbach*, Die Notwendigkeit der Aufnahme des Tierschutzes in das Grundgesetz, 2005, S. 145 ff.; *S. Hobe*, Tierversuche zwischen Tierschutz und Forschungsfreiheit, WissR 31 (1998), S. 309 ff.; *H. Schelling*, Tierversuche und medizinische Forschungsfreiheit, NuR 2000, S. 188 ff.

439 *M. Pfohl*, in: M. Mansdörfer (Hrsg.), MüKo-StGB, Bd. 7, 4. Aufl. (2022), § 17 TierSchG Rn. 132.

440 *BVerfGE* 127, 293 (328); *BVerwGE* 166, 32 (38 f.); *W. Löwer/T. M. Spranger*, Rechtliche Aspekte, in: D. Sturma/D. Lanzerath (Hrsg.), Tiere in der Forschung, 2016, S. 105 (124).

441 Dass Art. 20a GG schutzverstärkend neben der Richtlinie und Art. 13 AEUV anwendbar sein kann, legt überzeugend dar: *C. Calliess*, Tierschutz zwischen Europa- und Verfassungsrecht – Überlegungen am Beispiel der Tierversuchsrichtlinie, NuR 2012, S. 819 (821 ff.).

442 *Calliess* (Fn. 274), Art. 13 AEUV Rn. 7.

443 *BVerwGE* 166, 32 (37 f.); *OVG Bremen*, Urt. v. 11.12.2012 – 1 A 180/10 und 1 A 367/10, ZUR 2013, S. 425 (434); *Kempen* (Fn. 394), Kap. I Rn. 81.

444 *BVerfGE* 127, 293 (328).

Abs. 3 Satz 1 GG privilegieren, vermag auch Art. 20a GG an dieser jedenfalls vertretbaren – richtigerweise: auch gebotenen – gesetzlichen Entscheidung nichts zu ändern.[445]

Das konkrete normative Gewicht der Forschungsfreiheit hängt wiederum von der fachspezifischen Wertigkeit der Erkenntnisse ab, die mit einem Tierversuch erlangt werden sollen. Geht es um veterinär- oder humanmedizinische Forschung (§ 7 Abs. 2 Satz 1 Nr. 2 lit. a und b TierSchG)[446] kann dies im Verständnis eines Krankheitsverlaufs liegen, das dann ggf. Therapieoptionen eröffnet, oder unmittelbar anwendungsbezogen in der Entwicklung von Arzneistoffen. Das in der Forschungsfreiheit liegende Interesse nimmt dann an abwägungsrelevantem Gewicht zu, umso bedeutender das Erkenntnisziel für das jeweilige Fach ist, das dann seinerseits anderweitigen Grundrechten (Art. 2 Abs. 2 Satz 1 GG)[447] oder dem Tierwohl (Art. 20a GG) dient. Bei Cephalopoden wird freilich aufgrund der evolutionsbiologischen Distanz der unmittelbare Anwendungsnutzen durchweg zu vernachlässigen sein.

Die dann verbleibende Grundlagenforschung (§ 7 Abs. 2 Satz 1 Nr. 1 TierSchG) bezieht ihr Gewicht hingegen aus dem Eigenwert wissenschaftlicher Erkenntnis.[448] Die gesetzliche – und damit für die Genehmigungsbehörde indisponible[449] – Entscheidung für die Gleichrangigkeit von Grundlagenforschung und anwendungsorientierter medizinischer Forschung ist zu respektieren.[450] Diese gesetzliche – verfassungsrechtlich induzierte – Entscheidung darf nicht dadurch unterlaufen werden, dass man die mangelnde unmittelbare Verwertbarkeit bzw. die inhärente Unsicherheit über künftige anwendungsbezogene Verwendbarkeit von Forschungsergebnissen zu Lasten der Grundlagenforschung in die Güterab-

---

445 *VG Köln*, Urt. v. 22.8.2018 – 21 K 11572/17, Rn. 39.

446 Zu den Voraussetzungen nur *Pröbstl* (Fn. 285), S. 149 f.

447 Zur besonderen, aber nach Gefahrengrad abgestuften Wertigkeit *A. Kießling*, Das Recht der öffentlichen Gesundheit, 2023, S. 136 ff., 139 ff. Vgl. hierzu insbesondere die (in der Sache überzeugende) bundesverfassungsgerichtliche Rechtsprechung: *BVerfGE* 157, 30 (111 ff.); 160, 79 (114, 119); 161, 299, Rn. 111 ff.; *BVerfG*, Beschl. v. 21.7.2022 – 1 BvR 469/20, NJW 2022, S. 2904 (2912, 2918)

448 *Pröbstl* (Fn. 285), S. 148.

449 *OVG Nordrhein-Westfalen*, Beschl. v. 15.3.2004 – 20 B 180/04, Rn. 1.

450 *OVG Bremen*, Urt. v. 11.12.2012 – 1 A 180/10 und 1 A 367/10, ZUR 2013, S. 425 (429). Ablehnend aber *L. Hildermann*, Anmerkung, NVwZ 2014, S. 453 (454), die sich allein auf Erwägungsgrund 12 der RL 2010/63/EU beruft, der aber insoweit ihre Position gerade nicht stützt. Zum einen wird dort Forschung angestrebt, die „letztendlich" einen Nutzen für Mensch, Tier oder Umwelt haben soll, was bereits semantisch eine Langzeitperspektive ausdrückt, die auch der Grundlagenforschung inhärent ist. Zum anderen wird dort explizit auf die Rechtfertigung auch ohne konkreten Nutzen für möglich erachtet, wenn andere Methoden des Erkenntnisgewinns nicht zur Verfügung stehen.

wägung einstellt.[451] Mangels linearer epistemischer Kausalverläufe lassen sich etwaige Vorteile von Wissen nicht sinnvoll prognostizieren, sodass ein Fokus auf kurzzeitigen Nutzen verfehlt wäre.[452] Tatsächlich lassen sich künftige (medizinische, soziale oder ökonomische) Nutzenerwartungen bei der seriösen Planung ergebnisoffener Forschung ganz allgemein kaum vorhersagen, sodass eine populäre – nicht zuletzt dem öffentlichen Druck und Misstrauen geschuldete, letztlich dadurch defensive – Betonung möglicher Nutzenerwartungen von Tierversuchen eher die Glaubwürdigkeit der Forschung beeinträchtigt.[453] Zu erwartender Wissenszuwachs ist vielmehr als nicht mehr weiter reduzibler Eigenwert zu begreifen, die Welt besser zu verstehen. Dazu kann es auch gehören, sich auf das Risiko kognitive Irrtümer einzulassen, die eine Kosten-Nutzen-Abwägung nicht kennt, die aber die Wissenschaft ebenfalls (und mitunter maßgeblich) vorantreiben können. Bekanntlich kann auch ein Irrtum erkenntnisfördernd sein, wenn mit ihm richtig umgegangen wird.[454]

So gesehen kann es sich bei der Forschung an Cephalopoden – abhängig von den jeweiligen Erkenntniszielen – um Grundlagenforschung handeln, die uns gerade durch die Kontrastierung mit Vertebraten basale Einsichten über die Evolution des Lebens und die Organisation neuronaler Netze vermittelt. Geht es um stark konservierte Bausteine auf der Mikroebene (etwa der Cytologie oder Neurochemie), lassen sich ggf. Homologien erkennen, die dann Erkenntnisse von erheblicher Breite eröffnen, die wiederum durch diese Breite an erheblichem Gewicht gewinnen. Der Erkenntniswert des Wissens, das aus Experimenten mit Modellorganismen für die Life Sciences gezogen wird, ist gerade aufgrund des Modellcharakters und der darin liegenden Abstraktionspotentiale erheblich. Er vermittelt Verständnis für zentrale Vorgänge des Lebens,[455] was nicht zuletzt dazu beiträgt, dass wissenschaftliche Disziplinen wie beispielsweise Medizin oder Ökologie das unverzichtbare Grundlagenwissen zur Verfügung gestellt bekommen, auf dessen Matrix überhaupt erst irgendwann anwendungsbezogene Konzepte entstehen können.

---

[451] *VG Bremen*, Urt. v. 28.5.2010 – 5 K 1274/09, DVBl 2010, S. 1044 (1046, 1048).

[452] *M. Eggel/H. Grimm*, Necessary, but Not Sufficient: The Benefit Concept in the Project Evaluation of Animal Research in the Context of Directive 2010/63/EU, Animals 8 (2018), Nr. 34, S. 1 (11).

[453] *H. Grimm/M. Eggel/A. Deplazes-Zemp/N. Biller-Andorno*, The Road to Hell Is Paved with Good Intentions: Why Harm –Benefit Analysis and Its Emphasis on Practical Benefit Jeopardizes the Credibility of Research, Animals 7 (2017), Nr. 9 (Article 70), S. 1 ff.

[454] *E. Mach*, Erkenntnis und Irrtum, 3. Aufl. (1917), S. 110.

[455] Vgl. *Laubichler/Müller* (Fn. 11), S. 4.

So hat die Forschung mit Cephalopoden historisch zu substantiellen Durchbrüchen der Neurowissenschaften beigetragen, die Signalweiterleitung über Axone und die Neurotransmission sowie die Organisation des Gehirns besser zu verstehen. Ergebnisse von Grundlagenforschung sind entscheidend dafür, die Hypothesen zu finden, die dann anwendungsbezogene Forschung aufgreifen und testen kann.[456] Unser heutiges neurowissenschaftliches Wissen (z. B. über spannungsabhängige Ionenkanäle) und dessen große Anwendungspotentiale wären um vieles ärmer, ohne dass jemals eine Studie mit Tieren, als sie durchgeführt wurde, die Potentiale künftiger Anwendungen hat erkennen lassen. Beispielsweise die Einsichten der Evolutionären Entwicklungsbiologie, dass sich die Bausteine des Lebens vor allem modular entwickelt haben,[457] eröffnet ganzheitlich-evolutive Perspektiven, die insbesondere molekularbiologisches Wissen in einen viel breiteren Verständniskontext stellt. Das Verständnis von Tintenfischgehirnen kann dann auch den Erkenntnisfortschritt der Neurowissenschaft bei Vertebraten fördern und am Ende vielleicht das epistemische Puzzleteilchen liefern, neuronale Organisation, Gehirnleistungen oder neurodegenerative Erkrankungen zu verstehen und sogar einmal Therapieansätze für Erkrankungen zu entwickeln. Das ist natürlich nicht garantiert, so wie seriöse Wissenschaft nie anwendungsbezogene Erfolge versprechen kann. Es dürfte aber schon lange kaum eine bahnbrechende Entwicklung der Medizin mehr gegeben haben, die ohne Jahrzehnte vorausgegangener Grundlagenforschung überhaupt denkbar gewesen wäre.[458]

---

[456] *Engelhardt* (Fn. 218), S. 106.

[457] Oben II. 2., S. 14 ff.

[458] Ein aktuelles Beispiel wäre die Entwicklung der mRNA-Impfstoffe, deren Forschung überhaupt erst in der allerjüngsten Zeit anwendungsbezogen werden konnte, die aber auf einem breiten und langsam gewachsenen Fundament molekularbiologischer Grundlagenforschung seit der Entdeckung der mRNA (1961) steht. Siehe dazu *T. Kramps/K. Elbers*, Introducion to RNA Vaccines, in: dies. (Hrsg.), RNA Vaccines: Methods and Protocols, 2018, S. 1 (2 f.); *R. Verbeke/I. Lentacker/S. C. De Smedt/H. Dewitte*, Three decades of messenger RNA vaccine development, nanotoday 28 (2019), Nr. 100766, S. 1 ff. Entscheidend war nicht zuletzt tierexperimentelle Grundlagenforschung an Mäusen Ende der 1980er Jahre, die einen Anwendungsbezug noch nicht einmal schemenhaft erkennen ließ: *J. A. Wolff/R. W. Malone/P. Williams et al.*, Direct Gene Transfer into Mouse Muscle in Vivo, Science 247 (1990), S. 1465 ff. Zu ersten Versuchen mit erfolgreicher Transfektion/Lipofektion zur Einschleusung der mRNA in die Zelle s. *R. W. Malone/P. L. Felgner/I. M. Verma*, Cationic liposome-mediated RNA transfection, Proceedings of the National Academy of Sciences 86 (1989), S. 6077 ff. Ein bis heute entscheidender Durchbruch gelangte ebenfalls durch immunologische Grundlagenforschung. S. *K. Karikó/M. Buckstein/H. Ni/D. Weissmann*, Suppression of RNA recognition by Toll-like receptors: The impact of nucleoside modification and the evolutionary origin of RNA, Immunity 23 (2005), S. 165 ff. Dort wurde gezeigt, wie man die angeborene Immunantwort durch TLRs (Toll-like receptors), die auf pathogen-assoziierte Molekülstrukturen (einschließlich Nukleinsäuren) reagieren, durch Verwendung

Unser heutiges ansatzweises Verständnis, wie Gedächtnis neuronal organisiert ist, hat mit der Meeresschnecke *Aplysia californica* begonnen;[459] das Verständnis der Signalübertragung an Nervenzellen mit den Riesenaxonen von *Doryteuthis (Loligo) pealeii*[460]. Mit jeder weiteren neurowissenschaftlichen Grundlagenforschung geht die Hoffnung einher, dass hieraus ein grundlegenderes Verständnis für die Integrationsprozesse des Nervensystems erwächst, was am Ende vielleicht überprüfbare Hypothesen über die Entstehung und Behandlung von neuronalen Erkrankungen erlaubt.[461] Notwendig ist Sensibilität dafür, wie Wissen in der Zeit entsteht und sich mit langem Atem entwickelt, dessen Erfolg oft mehr von Beharrlichkeit und Neugierde abhängt[462] als von vorstrukturierter Zweckrationalität. Wer das aus dem Blick verliert, hat nicht nur missverstanden, was wissenschaftliche Erkenntnisprozesse im Kern ausmacht, sondern verfehlt auch die verfassungsrechtlichen Koordinaten, die Entscheidungsprozessen normative Orientierung geben sollen.

Bessere Daten – und damit bessere Forschung – erlauben im Übrigen dann auch eine spezifische Fixierung auf tierethische Belange und eine zielgerichtete Verfeinerung von Methoden.[463] Es sollte insoweit ein wohlverstandenes, idealerweise selbststabilisierendes Interesse bestehen, dass erst Wissen die Grundlagen schafft, Tierwohl rational zu debattieren. Die vorsorgliche Unterschutzstellung von Cephalopoden folgte hingegen eher vorrationalen Imperativen einer öffentlichen Meinung. Wenn es eine Funktion der Verwaltungsverfahren sein soll, auch die Akzeptanz von Entscheidungen in der Öffentlichkeit zu fördern,[464] geht es im Bereich des Tier-

---

(grundsätzlich auch natürlich vorkommender) methylierter Basen abschwächen kann, was dann viel später Voraussetzung wurde, einen Impfstoff kodierende mRNA in Zellen einschleusen zu können. Zu späteren Anwendungsstrategien, die sich erst in der letzten Dekade langsam formierten: *M. Copur*, Messenger RNA Vaccines: Beckoning of a New Era in Cancer Immunotherapy, Oncology (Williston Park) 35 (2021), S. 190 ff.; *M. A. McNamara/S. K. Nair/E. K. Holl*, RNA-Based Vaccines in Cancer Immunotherapy, Journal of Immunology Research 2015, Nr. 794528, S. 1 ff.; *J. Probst/M. Fotin-Mieczek/T. Schlake et al.*, Messenger RNA Vaccines, in: J. Thalhamer/R. Weiss/S. Scheiblhofer (Hrsg.), Gene Vaccines, 2011, S. 223 ff.

459 Dazu oben II. 1. c), S. 11.

460 Dazu oben II. 1. b), S. 8.

461 *Martin/Brown/Diamond/Cattaneo/De-Migual* (Fn. 178), S. 637.

462 Vgl. *R. Ross*, Thoughts on medical discovery, Science Progress in the Twentieth Century 19 (1925), S. 465 (475). „Medical discovery, like all discovery, requires two rather rare qualities – an acute instinct for the right direction, and a burning perseverance in following it up".

463 *Carbone* (Fn. 257), S. 5.

464 Hierfür *Hoffmann-Riem* (Fn. 9), S. 50; *W. Kahl*, Das Kooperationsprinzip im Städtebaurecht, DÖV 2000, S. 793 (801); *W. Hoffmann-Riem*, Reform des allgemeinen Verwaltungsrechts als Aufgabe, AöR 115 (1990), S. 400 (414 f.); *T. Würtenberger*, Ak-

versuchsrechts eher gegenläufig darum, die epistemische Offenheit einer freien Gesellschaft und ihrer hierzu funktionsnotwendigen Forschung gegen den Druck zu schützen, der von öffentlichen Akzeptanzerwartungen[465] durch Uninformiertheit, Moralisierung und Emotionalisierung ausgeht. Mit der notwendigen Resistenz, populären Nutzenerwartungen standzuhalten, geht zugleich eine – gerade für die rechtliche Einordnung wichtige – Abstraktion von den strukturierenden Vorwirkungen nachträglicher Zulassungsverfahren einher, in deren Schatten die tierexperimentelle Forschung im Bereich der Life Sciences oftmals steht. Erkenntnisinteressen und Protokolle eines Experiments müssen eben nicht so formuliert werden, dass Ergebnisse später in Zulassungsanträgen darstellbar sind.

### *3. Replace, Reduce, Refine*

Tierversuche sind im Hinblick auf die den Tieren zuzufügenden Schmerzen, Leiden und Schäden, die Zahl der verwendeten Tiere, die artspezifische Fähigkeit der verwendeten Tiere, unter den Versuchseinwirkungen zu leiden, auf das unerlässliche Maß zu beschränken (§ 7 Abs. 1 Satz 2 Nr. 1 TierSchG). Die Pflicht zur Beschränkung von Tierversuchen auf das unerlässliche Maß beinhaltet – insoweit konkretisierend – nach § 7 Abs. 1 Satz 3 TierSchG auch die Pflicht zur Verbesserung der Methoden, die in Tierversuchen angewendet werden. Dahinter steht die traditionsreiche[466] 3R-Regel als Herzstück des geltenden Tierversuchsrechts: Replace, Reduce, Refine (Tierversuche vermeiden, verringern und verfeinern). Die Nähe zur Verhältnismäßigkeit juristischer Provenienz wurde zutreffend erkannt.[467] Ungeachtet der argumentativen Strukturanalogie darf freilich nicht aus dem

---

zeptanz durch Verwaltungsverfahren, NJW 1991, S. 257 ff.; *ders.*, Die Akzeptanz von Verwaltungsentscheidungen, 1996, S. 61 ff.; kritisch hingegen *W. Brohm*, Beschleunigung der Verwaltungsverfahren, NVwZ 1991, S. 1025 (1029); *V. Mehde*, Neues Steuerungsmodell und Demokratieprinzip, 2000, S. 162; *F. Schoch*, Der Verfahrensgedanke im allgemeinen Verwaltungsrecht, Die Verwaltung 25 (1992), S. 21 (31); *R. Steinberg*, Kritik von Verhandlungslösungen, insbesondere von mittlerunterstützten Entscheidungen, in: W. Hoffmann-Riem/E. Schmidt-Aßmann (Hrsg.), Konfliktbewältigung durch Verhandlungen, Bd. I, 1990, S. 295 (298 f.). Zutreffend zur rechtsdogmatischen Einordnung als empirische Größe ohne unmittelbare juristische Funktion *J. Froese*, Akzeptanz – ein rechtliches Argument?, DÖV 2023, S. 334 (338 ff.).

[465] Dekuvrierend Erwägungsgrund 12 der RL 2010/63/EU: „Auch bestehen seitens der Öffentlichkeit ethische Bedenken hinsichtlich der Verwendung von Tieren in Verfahren".

[466] Erstmals dezidiert (explizit für Vertebraten) formuliert bei *W. M. S. Russell/ R. L. Burch*, The Principles of Humane Experimental Technique, 1959.

[467] *M. Eggel/H. Würbel*, Internal consistency and compatibility of the 3Rs and 3Vs principles for project evaluation of animal research, Laboratory Animals 55 (2021) S. 233 (234).

Blick verloren gehen, dass die Verhältnismäßigkeit im eigentlichen Sinne als normatives Gebot formuliert wurde, um grundrechtliche Freiheit zu schonen und staatliche Grundrechtseingriffe materiell zu beschränken. Die tierschutzrechtliche Begrenzung der Tierversuche hingegen dient gegenläufig gerade der Rechtfertigung staatlicher Grundrechtseingriffe mit einem Tierwohl, das fraglos valider Gemeinwohlbelang ist (Art. 20a GG), aber nicht durch einen rechtsnormativen Freiheitsanspruch unterfüttert wird.

Impulsgebend für die rechtliche Etablierung der 3R-Regel war die novellierte Tierversuchsrichtlinie,[468] also das Regelungswerk, das zugleich die Cephalopoden in den Schutz des Tierversuchsrechts einbezogen hatte (vgl. dort Art. 1 Abs. 1 UAbs. 2 lit. a RL 2010/63/EU, der die tragenden Säulen des Regelungswerks[469] festlegt). 3R beruht auf fortschreitender Wissensgenerierung. Erfahrungen mit Versuchen müssen daher wieder in den Prozess der Wissensgenerierung eingespeist werden. Insoweit sollten nicht nur die Forschungsergebnisse, deren Erlangung das Experiment diente, veröffentlicht werden. Vielmehr sollte gerade auch geprüft werden, ob tierschutztechnische Erfahrungen zur Anreichung einer Best Practice in geeigneter Weise veröffentlicht werden können.[470] Insoweit ersetzt 3R nicht die Abwägung, in der die ethische Vertretbarkeit eines Tierversuchs gerechtfertigt wird,[471] sondern bereitet diese vor, indem das ethisch zu bewertende Versuchsprotokoll bereits das Tierwohl größtmöglich schont.[472]

3R ist nicht zuletzt ein Informationsproblem, eine Frage verfügbaren Tierschutzwissens.[473] Das verdeutlicht gerade die Cephalopodenforschung, die anfangs – in Kontrast zu den millionenfach erprobten Versuchen mit Mäusen und Ratten – auf keinerlei Standardisierung von Erfahrungswissen verweisen konnte. Von Anfang an war klar, dass mehr Forschung an Cephalopoden benötigt würde, um 3R angemessen beurteilen zu können.[474] Das verwundert kaum, besteht doch ganz allgemein – und damit auch im Zentrum der Forschungsmethoden und nicht nur in der hier

---

[468] *Codecasa/Pageat/Marcet-Rius/Cozzi* (Fn. 234), S. 5.

[469] Deutlich *A. Díez-Solinska/O. Vegas/G. Azkona*, Refinement in the European Union: A Systematic Review, Animals 12 (2022), Article 3263, S. 1 (2): „cornerstone of the Directive".

[470] *Smith/Andrews/Dickel et al.* (Fn. 198), S. 41.

[471] Oben VI. 2., S. 43 ff.

[472] *Eggel/Würbel* (Fn. 467), S. 237.

[473] Zu den Herausforderungen *J. van Luijk1/Y. Cuijpers/M. Ritskes-Hoitinga et al.*, Assessing the application of the 3Rs: a survey among animal welfare officers in The Netherlands, Laboratory Animals 47 (2013), S. 210 ff. Zu den etablierten – freilich ständig im Fluss befindlichen – Alternativmethoden, die in Bezug auf die gängigen Labortiere zur Verfügung stehen, siehe *H. Spielmann*, Alternativmethoden, in: D. Sturma/D. Lanzerath (Hrsg.), Tiere in der Forschung, 2016, S. 63 (76 ff.).

[474] *Sykes/Baptista/Gonçalves/Andrade* (Fn. 152), S. 149.

behandelten äußersten Peripherie – Bedarf an (ausfinanzierter) 3R-Forschung.[475] Nachdem der kleinen Fachgemeinde, die mit Cephalopoden forscht, klar geworden war, dass sie unvermeidbar auf die Neufassung der Tierversuchsrichtlinie zu reagieren hatte, wurden Guidelines ausgearbeitet, die allgemeine Standards formulieren sollten, wie mit Cephalopoden umzugehen ist.[476] Diese Standards aus der wissenschaftlichen Community heraus dienten von Anfang an auch dazu, im Umgang mit Genehmigungs- und Überwachungsbehörden auf evidenzbasierte Praktiken verweisen zu können, die zuvor schlichtweg nicht formuliert waren.[477] Gewählt wurde das Format eines Fachkonsenses, also eines kleinsten gemeinsamen Nenners, auch weil sich staatliche Behörden auf einem Feld der Forschung, über das nur fragmentarisches Wissen verfügbar ist, kaum mit belastbaren Argumenten über eine geteilte Fachmeinung im Kreis der einschlägig ausgewiesenen Expertinnen und Experten hinwegsetzen können. Anders lassen sich die basalen Anforderungen an die fachliche Kohärenz, Konsistenz und Evidenz,[478] die im Übrigen auch unionsrechtlich geboten ist,[479] nicht hinreichend gewährleisten. Dass dieses Format nicht frei vom Risiko ist, Standardisierung als fachpolitisches Gestaltungsvehikel zu instrumentalisieren, weil alle Beteiligten nicht nur die spärliche Expertise bündeln, sondern als betroffene Forscherinnen und Forscher zugleich auch von behördlich akzeptierten forschungsermöglichenden Standards profitieren, sei hier nur angemerkt. Bislang erscheint die Zusammenstellung des spärlichen Tierversuchswissens im Schlepptau der rechtlichen Regulierung eher als ein *muddling through*[480], aber dieses ist für wissenschaftliche Erkenntnisprozesse weder untypisch noch ungeeignet.[481]

---

[475] *Díez-Solinska/Vegas/Azkona* (Fn. 469), S. 9.

[476] Vgl. das 90seitige Dokument, an dem die Mehrheit der renommierten Expertinnen und Experten beteiligt waren, die mit Cephalopoden im Tierversuch forschen: *G. Fiorito/A. Affuso/P. Andrews et al.*, Guidelines for the Care and Welfare of Cephalopods in Research – A consensus based on an initiative by CephRes, FELASA and the Boyd Group, Laboratory Animals 49 (2015), Supplement 2, S. 1–90.

[477] *Di Cristina/Andrews/Ponte/Galligioni/Fiorito* (Fn. 229), S. 2.

[478] Dazu eingehend *Kießling* (Fn. 447), S. 197 ff.

[479] Allgemein *EuGH*, Urt. v. 12.7.2001 – C-157/99 (Geraets-Smits/Peerbooms), Slg 2001, I-5473 Rn. 94; Urt. v. 21.7.2011 – C-15/10 (Etimine SA), Slg. 2011, I-6681 Rn. 76, 92; Urt. v. 8.9.2011 – C-58/10 bis C-68/10 (Monsanto), Slg. 2011, I-7763 Rn. 76; Urt. v. 19.4.2012 – C-221/10 P (Artegodan), ECLI:EU:C:2012:216 Rn. 104 ff.; Urt. v. 19.11.2020, C-663/18 (BS und CA), ECLI:EU:C:2020:938 Rn. 72; Urt. v. 13.10.2022 – C-616/20 (M2Beauté Cosmetics GmbH), ECLI:EU:C:2022:781 Rn. 52; EuG, Urt. v. 13.12.2013 – T-240/10 (Ungarn/Kommission), ECLI:EU:T:2013:645 Rn. 97 ff.

[480] Vgl. *Di Cristina/Andrews/Ponte/Galligioni/Fiorito* (Fn. 229), S. 4.

[481] Vgl. positiv *K. F. Gärditz*, The poetry of the universe, the periodic table, and the scientific progress: a review of new studies on the periodic table of the elements, Foundations of Chemistry 25 (2023), S. 269 (279 f.).

### *a) Studiendesign und Reduktion durch Nutzungsoptimierung*

Die Vermeidung unnötiger Tierversuche beginnt mit einem klugen Studiendesign, das darauf ausgerichtet ist, möglichst spezifisch konkrete Erkenntnisziele zu erreichen und möglichst aussagekräftige Daten für das jeweilige Fach zu gewinnen.[482] Einen zu frühen Studienabbruch gilt es zu vermeiden, weil anderenfalls tierisches Leid versursacht wurde, ohne einen Erkenntnisgewinn zu erreichen.[483] Das Design einer Studie muss auf Reproduzierbarkeit und Veröffentlichung (auch bei Negativergebnissen) angelegt sein.[484] Umso größer die wissenschaftliche Aussagekraft eines Versuchs, umso leichter lassen sich weitere Tierexperimente vermeiden, so dass wissenschaftliche Qualität einerseits und 3R andererseits typischerweise Hand in Hand gehen.[485] Die abstrakte Reproduzierbarkeit von Studien verbessert die Verlässlichkeit von Daten,[486] was wiederum den Austausch und damit die Reduktion von Tierversuchen erleichtert. Zugleich wird aber auch deutlich, dass das Ziel der Reduktion in einen Konflikt mit dem anderen Ziel geraten kann, möglichst verlässliche wissenschaftliche Daten zu generieren.[487] Die statistische Aussagekraft zu kleiner Populationen schmilzt, was bei Cephalopoden besonders deutlich ist, weil es hier keine standardisierten Zuchtreihen gibt, die natürliche Abweichungen aufgrund genetischer Variabilität reduzieren. Ein Experi-

---

[482] *K. Diederich/K. Schmitt/P. Schwedhelm/B. Bert/C. Heinl*, A guide to open science practices for animal research, PLoS Biology 20 (2022), Nr. 9, Article e3001810, S. 1 (6f.); *M. Festing*, Reduction by Careful Design and Statistical Analysis, in: B. Howard/T. Nevalainen/G. Perretta (Hrsg.), The COST Manual of Laboratory Animal Care and Use, 2011, S. 131 (132ff.). Vgl. auch anwendungsbezogen *V. A. Hampshire/S. H. Gilbert*, Refinement, Reduction, and Replacement (3R) Strategies in Preclinical Testing of Medical Devices, Laboratory Animals 47 (2019), S. 329ff. Eine umfassende Darstellung der Grundprinzipien findet sich bei *M. F. W. Festing/P. Overend/M. C. Borja/M. Berdoy*, The Design of Animal Experiments, 2. Aufl. (2016).

[483] *V. Ashall/K. Millar*, An Opportunity to Refocus on the ‚Humane' in Experimental Endpoints: Moving Beyond Directive 2010/63/EU, Alternatives to Laboratoryo Animals 41 (2013), S. 307 (308).

[484] *M. Steinfath/S. Vogl/G. Schönfelder et al.*, Simple changes of individual studies can improve the reproducibility of the biomedical scientific process as a whole, PLoS ONE 13 (2018), Nr. 9, Article e0202762, S. 1ff. Allgemein zu den Anforderungen *A. Bomzon/G. Tobin*, Scholarly Publishing and Scientific Reproducibility, in: J. M. Sánchez/A. Brønstad (Hrsg.), Experimental Design and Reproducibility in Preclinical Animal Studies, 2021, S. 185ff. Zu den bekannten Defiziten *S. E. Lazic*, Experimental Design for Laboratory Biologists, 2016, S. 28f.

[485] *Eggel/Würbel* (Fn. 467), S. 234.

[486] *J. Rudeck/S. Vogl/S. Banneke/G. Schönfelder/L. Lewejohann*, Repeatability analysis improves the reliability of behavioral data, PLoS ONE 15 (2020), Nr. 4, Article e0230900, S. 1ff.

[487] *A. Brønstad/P. Sandøe*, Examining compliance with ethical standards for animal research: is there a need for refinement?, Laboratory Animals 54 (2020), S. 183 (185).

ment, das am Ende mangels statistischer Aussagekraft aufgrund einer zu klein gewählten Population wissenschaftlich keine verlässlichen Aussagen liefert,[488] ist ethisch schwer vertretbar, sodass also der Reduktion inhärente Grenzen gesetzt sind.

Eine Möglichkeit, Tierversuche durch Kollektivierung des Nutzens zu reduzieren, ist beispielsweise eine Teilhabe am Gewebe getöteter Tiere.[489] Im Übrigen haben nicht nur Modelle in vitro, sondern auch Modelle in vivo jeweils ihre Schwächen,[490] was bei der Abwägung der Vor- und Nachteile ggf. zu berücksichtigen ist. Insgesamt liegt hinter dem Reduktionsgebot also implizit auch ein Appell an die kommunitaristische Grundierung von Wissenschaft[491] als solche, mithin die Aufforderung, Wissen als ein öffentliches Gut zu behandeln, dessen Gewinn zwar (z.B. durch Reputation) prämiert werden kann, das aber der Gesellschaft (nebst ihrer Wissenschaft) als epistemischer Solidargemeinschaft zusteht. Ein solches Verständnis ist umso notwendiger, umso kleiner die Scientific Community ist, weil insoweit die knappen Ressourcen möglichst breit eingesetzt werden sollten. Die kollektiven Reaktionen der Mikrogemeinschaft tierexpe-

---

[488] Vgl. *Festing/Overend/Borja/Berdoy* (Fn. 482), S. 102f.; zur statistischen Einordnung *Bate/Clark* (Fn. 36), S. 138ff.

[489] *Fiorito/Affuso/Andrews et al.* (Fn. 100), S. 28. Vgl. zur Datenbankunterstützung des Gewebeaustauschens *M. A. Czubala/E. Eilles/R. Weiskirchen et al.*, 3R Blackboard: A platform for animal and organ sharing, Laboratory Animals 56 (2022), S. 292ff.

[490] Vgl. *M. Niethammer/T. Burgdorf/E. Wistorf/G. Schönfelder/M. Kleinsorge*, In vitro models of human development and their potential application in developmental toxicity testing, Development 149 (2022), Nr. dev200933, S. 1ff.

[491] *R. K. Merton*, The Sociology of Science: Theoretical and Empirical Investigations, 1973, S. 273ff. Das wird bisweilen als spezifische „demokratische" Verfasstheit von Wissenschaft beschrieben. So *J. Mittelstraß*, Die Häuser des Wissens, 2. Aufl. (2016), S. 195. Vorsicht ist hier nicht nur aus staatsrechtlicher Introvertiertheit geboten, weil natürlich Öffentlichkeit, Egalität und Gemeinschaftlichkeit von Wissenschaft nichts mit Demokratie in einem verfassungsrechtlichen Sinne zu tun hat. Vielmehr gibt es auch epistemische Eigeninteressen einer Theorie der Wissenschaften, auf Differenzen zwischen kollektiver Herrschaftsausübung auf der Grundlage gleicher Freiheit aller und der individuellen Freiheit zum und im Diskurs zu unterscheiden. Denn auch das Wissenschaftssystem ist auf eine politische Ordnung angewiesen, in die es immer eingebettet bleibt. Spätestens dann, wenn demokratische Entscheidungen die individuelle Freiheit der Forschenden beschränken, wie dies hier im Tierversuchsrecht der Fall ist, sollte man sich diese Unterschiede sehr sorgfältig bewusst machen. Es ist insoweit sinnvoller, epistemische, institutionelle und kommunikative Strukturen von Demokratie und Wissenschaft zu vergleichen. In diesem Sinne namentlich *L. Fleck*, Zur Krise der „Wirklichkeit", Naturwissenschaft 17 (1929), S. 425 (429); *H. Kelsen*, Wissenschaft und Demokratie, wiederabgedruckt in: H. Kelsen, Verteidigung der Demokratie (herausgegeben von L. Jestaedt/O. Lepsius), 2006 [1937], S. 238ff.; *R. Merton*, Science and Technology in a Democratic Order, Journal of Legal and Political Sociology 1 (1942), S. 115ff.; aus jüngerer Zeit etwa *U. Metschl*, Vom Wert der Wissenschaften und vom Nutzen der Forschung, 2016, S. 152ff.

rimenteller Cephalopodenforschung[492] auf die Integration der Kopffüßer in das europäische Tierschutzrecht[493] hat hier mit beachtenswerter und seltener Einmütigkeit demonstriert, dass dies möglich ist und ein geteiltes Selbstverständnis als Forschungsgemeinschaft, deren Mitglieder aufeinander angewiesen sind, gleichermaßen dem Erkenntnisgewinn wie dem Tierwohl dienen kann.

### *b) Replacement*

Für Replacement ist bei Cephalopoden wenig Raum, und zwar weder in die eine wie in die andere Richtung. Ersetzen bedeutet ggf. auch, Wirbeltiere durch andere Tiere zu ersetzen, die weniger hoch entwickelt sind und daher mutmaßlich geringere Leidensfähigkeit besitzen.[494] Cephalopoden sind als Ersatz insoweit – trotz der taxonomischen Distanz – aufgrund ihrer vergleichsweise hoch entwickelten kognitiven Fähigkeiten nicht geeignet, zumal ein Replacement nachweisen müsste, dass Belastungen positiv vermieden werden, was aber bei den fortbestehenden und im Vergleich zu gängigen Wirbeltieren besonders großen epistemischen Unsicherheiten nicht gelingen wird. Auch eine Ersetzbarkeit von Cephalopoden durch andere Arten ist in der Regel keine Option, weil Forschung mit Cephalopoden – wie gezeigt – durchweg sehr spezifischen Forschungsinteressen folgt,[495] die sich überwiegend entweder auf ganz bestimmte Eigenschaften einer Art oder auf das komplexe Nervensystem der Cephalopoden beziehen, das diese signifikant von anderen Mollusca abhebt und überhaupt erst zum geeigneten Modellorganismus macht, komplexe neuronale Signalverarbeitung und deren Evolution zu untersuchen. Ein Replacement durch Ausweichen auf andere Cephalopodenarten, bei denen die Sterberate bei der Laborhaltung nicht vergleichbar hoch ist,[496] mag im Einzelfall denkbar sein. Angesichts der extrem kurzen Lebensspanne von Cephalopoden dürfte dies jedoch praktisch keine Rolle spielen, weil Versuchstiere allesamt altersbedingt im Labor versterben und eine Auswilderung nicht in Betracht kommt.

---

[492] Die Enge der fachlichen Community wird schon daran deutlich, dass der Kreis der Autorinnen und Autoren, die die einschlägigen Papiere zu Studien und Metastudien (Review) veröffentlicht haben, repetitiv und klein ist. Hier kann auf die Autorinnen und Autoren der in diesem Beitrag zitierten Werke verwiesen werden.

[493] Oben IV. 2., S. 43 ff.

[494] *M. R. Schneider/C. Pincelli*, The 3R approach to experimental dermatology, Experimental Dermatology 27 (2018), S. 441 (441).

[495] *Fiorito/Affuso/Andrews et al.* (Fn. 100), S. 27.

[496] *Moltschaniwskyj/Hall/Warnke et al.* (Fn. 102), S. 456.

Die Wahl der Tierart kann kritisch zu bewerten sein, wenn das tierethisch motivierte Ausweichen auf andere Arten mit relational reduzierter Empfindungsfähigkeit die wissenschaftliche Aussagekraft der Forschungsergebnisse zu verwässern droht.[497] Allenfalls eine Ersetzbarkeit durch Beobachtungen in der freien Natur mag man diskutieren.[498] Eine Feldstudie in natürlichem Habitat wird freilich allenfalls grobe verhaltensbiologische Annäherungen unter nicht kontrollierten Bedingungen, aber keine präzisen neurowissenschaftlichen Studien erlauben, zumal heute Neurowissenschaften durchweg auf einer molekularen Ebene arbeiten (müssen) und daher an Untersuchungen des Organismus im Labor am Ende nicht vorbeikommen.

### c) *Refinement und Haltungsbedingungen*

Die größten Potentiale, in der Forschung mit Cephalopoden 3R umzusetzen, birgt immer noch das Refinement. Hierzu kommen sehr heterogene Ansätze in Betracht, die immer im Kielwasser der Forschung mitsegeln, deren methodischer Werkzeugkasten fortwährend verfeinert wird. Einige Beispiele für Verfeinerungsansätze sollen hier erwähnt werden:

Tierversuche dürfen nach § 7 Abs. 3 Satz 4 TierSchG nur von Personen geplant und durchgeführt werden, die die dafür erforderlichen Kenntnisse und Fähigkeiten haben (vgl. dazu § 16 TierSchVersV). Hierdurch wird zugleich das Refinement unterstützt, das ohne fundierte Ausbildung nicht möglich wäre. Notwendigkeit ist die Einbeziehung spezifischen Sachverstandes im Bereich der Cephalopoden.[499] Jenseits des § 16 Abs. 1 Sätze 1–4 TierSchVersV bestehen keine formalisierten Anforderungen, wie Fachkunde nach § 16 Abs. 1 Satz 5 TierSchVersV anderweitig erworben wurde.[500] Das lässt sich verallgemeinern. Da es keine formalisierten Haltungsstandards für Cephalopoden gibt, diese auch in der veterinärmedizinischen Ausbildung keine Rolle spielen und es letztlich allenfalls zufällig zu einer Vorbefassung gekommen sein wird, ist es zulässig, wenn Fachkunde im Rahmen der konkreten Versuchsgestaltung erworben und sukzessive fortgeschrieben wird. Erfahrung muss man eben erst einmal

---

[497] *Ständigen Senatskommission für tierexperimentelle Forschung der DFG* (Hrsg.), Tierversuche in der Forschung: Das 3R-Prinzip und die Aussagekraft wissenschaftlicher Forschung, 2019, S. 13.

[498] *Smith/Andrews/Dickel et al.* (Fn. 198), S. 40.

[499] *Smith/Andrews/Dickel et al.* (Fn. 198), S. 39. Allgemein zur Bedeutung von Schulung und Ausstattung *R. Binder/P. Kronen/T. Rülicke et al.* (Hrsg.), Refinement II: Grundsätze des Versuchsrefinements, in: R. Binder/N. Alzmann/H. Grimm (Hrsg.), Wissenschaftliche Verantwortung im Tierversuch, 2013, S. 230 (231).

[500] *VG Gießen*, Urt. v. 24.6.2020 – 4 K 3359/19.GI, Rn. 27.

„machen", wenn sie fehlen sollte. Bisweilen hilft hier der allgemeine technische Fortschritt, nicht zuletzt in der Bildgebung[501]. So hat sich ein Mikro-CT auch für Cephalopoden als nichtinvasive Technik erwiesen, die Entwicklung ihres Nervensystems zu beobachten.[502]

Namentlich bereitet die Zucht für Laborzwecke für die meisten Cephalopoden-Arten immer noch erheblichen Herausforderungen bzw. scheitert, sodass in der Wildnis Eier gesammelt oder lebende Exemplare der jeweiligen Art gefangen werden müssen. Das erfordert spezifische Ausbildung und artgerechte Standards für einen schonenden Wildfang sowie den Transport (vgl. entsprechend Art. 23 RL 2010/63/EU[503]).[504] Stress in der Laborhaltung[505] ist – was selten thematisiert wird und bei den typischen Labortieren aus spezifischer Züchtung auch keine relevante Fragestellung ist – zudem abzuwägen mit dem Stress und den Umweltschäden, die Wildfang verursacht.[506]

Allgemein in den Fokus geraten sind zudem die Haltungsbedingungen, weil diese erheblich über den Grad der dauerhaften Belastung entscheiden. Nicht artgerechte Haltung verursacht Stress, ggf. das gesamte kurze Cephalopoden-Leben lang. Eine Ausdifferenzierung von Zucht- und Haltungsstandards für Labor-Cephalopoden erfolgt erst allmählich, und zwar in Vernetzung der sehr wenigen Forschenden.[507] Auch hier genügen kaum

---

501 Dazu *D. T. Lauber/A. Fülöp/A. Szijártó et al.*, State of the art in vivo imaging techniques for laboratory animals, Laboratory Animals 51 (2017), S. 465 ff.

502 *Kerbl/Handschuh/Wanninger et al.* (Fn. 118), S. 140 ff. Zum Einsatz der Technik des Mikro-CT in den Life Sciences näher *J. Bulantová/T. Macháček/N. Jährling et al.*, Trichobilharzia regenti (Schistosomatidae): 3D imaging techniques in characterization of larval migration through the CNS of vertebrates, Micron 83 (2016), S. 62 ff.; *C. S. Carlson/M. Hannula/M. Postema*, Micro-computed tomography and brightness-mode ultrasound show air entrapments inside tablets, Current Directions in Biomedical Engineering 8 (2022), S. 41 ff.; *R. Garwood/J. A. Dunlop/M. D. Sutton*, High-fidelity X-ray micro-tomography reconstruction of siderite-hosted Carboniferous arachnids, Biology Letters 5 (2009), S. 841 ff.; *Y. Ding/D. J. Vanselow/K. C. Cheng et al.*, Computational 3D histological phenotyping of whole zebrafish by X-ray histotomography, eLife. 8 (2019), Article e44898, S. 1 ff.; *C. Noever/J. Keiler/H. Glenner*, First 3D reconstruction of the rhizocephalan root system using MicroCT, Journal of Sea Research 113 (2016/17), S. 58 ff.

503 Zu diesen Anforderungen allgemein *M. Gyger/M. Berdoy/M. Sjöquist et al.*, FELASA accreditation of education and training courses in laboratory animal science according to the Directive 2010/63/EU, Laboratory Animals 53 (2018), S. 137 ff.

504 Kürzlich wurde eine monografische Ausarbeitung auf Initiative von CephRes zur Verfügung gestellt: *E. M. Pieroni/A. V. Sykes/G. Fiorito et al.*, Review on the methods of capture and transport of cephalopods for scientific purposes, 2022.

505 Etwa durch die plötzliche Veränderung der Umgebung, vgl. *Fiorito/Affuso/Andrews et al.* (Fn. 100), S. 20.

506 *Moltschaniwskyj/Hall/Warnke et al.* (Fn. 102), S. 466.

507 S. die vom Netzwerk CephRes getragene Publikation *G. Ponte/K. Roumbedakis/G. Fiorito et al.*, General and species-specific recommendations for minimal requirements for the use of cephalopods in scientific research, Laboratory Animals 57 (2023), S. 26 ff.

allgemeine Standards für die in Größe, Bewegung, Nahrungsaufnahme und Sozialverhalten sehr heterogenen Cephalopoden. Erforderlich sind vielmehr artspezifische Konkretisierungen, die den Besonderheiten der jeweiligen Spezies und ihren Bedürfnissen gerecht werden.[508] Betont wurde ganz pragmatisch die epistemische Notwendigkeit, dass es oftmals gerade den Wert von Experimenten, die zoologischen Erkenntnisinteressen dienen, schmälere, wenn Tiere abweichend von ihren natürlichen Rahmenbedingungen unter Stress gehalten würden.[509] Ganz allgemein kann Stress oder Schmerz dazu führen, dass – abhängig vom Erkenntnisinteresse – die Verlässlichkeit und Aussagekraft von Forschungsergebnissen verfälscht wird;[510] Belastungen sind also auch aus epistemischen Gründen möglichst zu vermeiden, sofern nicht die Reaktion auf Stress und Schmerz gerade Gegenstand der Versuchsanordnung ist. Auch zoologische Gärten, die Cephalopoden ausstellen, müssen sich im Übrigen um Parameter artgerechter Haltung bemühen,[511] die wiederum möglicherweise – und mit der gebotenen Vorsicht – einen Overspill für die Laborhaltung einschließen können. So benötigen Cephalopoden beispielsweise hinreichenden Raum zu schwimmen,[512] was dann Versuche mit besonders kleinen Arten wie *Euprymna scolopes* auch aus einer Refinement-Perspektive vorzugswürdig erscheinen lassen kann.

Über Tierkrankheiten mancher Cephalopoden (wie Nautilus) ist praktisch nichts bekannt,[513] auch im Allgemeinen ist die veterinärmedizinische Wissensdichte für Cephalopoden unzureichend.[514] Hier wird sich wenig erreichen lassen, die Haltungsbedingungen präventiv zu verbessern, es wird vielmehr vornehmlich darum gehen, im Rahmen der Haltung erst Erfahrungen zu sammeln. Eine gebotene artgerechte Ernährung gehört zwar ebenfalls zu den Haltungsbedingungen, die Belastung verringern.[515]

---

[508] Vgl. *M. M. Holst/T. Miller-Morgan*, The Use of a Species-Specific Health and Welfare Assessment Tool for the Giant Pacific Octopus, Enteroctopus dofleini, Journal of Applied Animal Welfare Science 24 (2021), S. 272 ff.

[509] *Moltschaniwskyj/Hall/Warnke et al.* (Fn. 102), S. 459.

[510] *L. M. Keubler/N. Hoppe/A. Bleich et al.*, Where are we heading?, Challenges in evidence-based severity assessment, Laboratory Animals 54 (2020), S. 50 ff.

[511] *T. M. Narshi/D. Free/W. S. M. Justice/S. J. Smith/S. Wolfens*, Welfare Assessment of Invertebrates: Adapting the Animal Welfare Assessment Grid (AWAG) for Zoo Decapods and Cephalopods, Animals 12 (2022), Article 1675, S. 1 ff.

[512] *Fiorito/Affuso/Andrews et al.* (Fn. 100), S. 23.

[513] *Moltschaniwskyj/Hall/Warnke et al.* (Fn. 102), S. 463.

[514] *Fiorito/Affuso/Andrews et al.* (Fn. 100), S. 25.

[515] Vgl. *G. Ponte/A. V. Sykes/G. M. Cooke/E. Almansa/P. L. R. Andrews*, The Digestive Tract of Cephalopods: Toward Non-invasive In vivo Monitoring of Its Physiology, Frontiers in Physiology 8 (2017), Article 403, S. 1 ff.; *A. V. Sykes/E. Almansa/G. M. Cooke/G. Pont/P. L. R. Andrews*, The Digestive Tract of Cephalopods: a Neglected Topic of Relevance to Animal Welfare in the Laboratory and Aquaculture, Frontiers in Physiology 8 (2017), Article 492, S. 1 ff.

Angesichts des immer noch begrenzten Wissens über die Verdauungssysteme von Cephalopoden[516] ist diese Herausforderung aber größer, als sie auf den ersten Blick erscheinen mag. Eine Anreicherung der Umwelt[517] kann den kognitiven Fähigkeiten der Cephalopoden Rechnung tragen, wenn man unterstellt, dass diese unter „Langeweile“ leiden, wofür Nachweise bislang fehlen. Eine solche Anreichung kann aber wiederum Folgen für die Untersuchungsergebnisse haben,[518] was dann im Gesamtdesign und seiner Bewertung zu berücksichtigen ist.

### 4. Tötung von Tieren

Niemand darf nach § 1 Satz 2 TierSchG einem Tier ohne vernünftigen Grund Schmerzen, Leiden oder Schäden zufügen. Dies ist ein unmittelbar geltendes und damit auch ordnungsrechtlich durchsetzbares Verbot.[519] Die dazugehörige Ermächtigungsgrundlage, die auch ein ordnungsbehördliches Einschreiten gegen Rechtsverstöße im Rahmen von Tierversuchen erlaubt, findet sich in § 16a Abs. 1 Satz 1 TierSchG.[520] Als vernünftig gilt ein Grund,

---

516 *P. L. R. Andrews/G. Ponte/C. Rosas*, Methodological considerations in studying digestive system physiology in octopus: limitations, lacunae and lessons learnt, Frontiers in Physiology 13 (2022), Nr. 928013, S. 1 ff.

517 Dazu *G. M. Cooke/B. M. Tonkins/J. A. Mather*, Care and Enrichment for Captive Cephalopods, in: C. Carere/J. Mather (Hrsg.), The Welfare of Invertebrate Animals, 2019, S. 179 (187 ff.).

518 Die Auswirkungen sind alles andere als klar und erfahren vergleichsweise selten systematische Aufmerksamkeit. Beispielsweise in einer Studie, die vor Umsetzung der Richtlinie begonnen und unter Richtlinienbedingungen fortgesetzt wurde, hat man die Wirkungen eines synthetischen Cannabinoids (JWH-018) an Mäusen vergleichend getestet. Vgl. *S. Macrì/C. Ceci1/L. Altabella/R. Canese/G. Laviola*, The Directive 2010/63/EU on animal experimentation may skew the conclusions of pharmacological and behavioural studies, Scientific Reports 3 (2013), Nr. 2380, S. 1 ff. Allgemein hierzu *J. M. Sánchez Morgado/A. Brønstad/K. Pritchett-Corning*, Animal and Environmental Factors That Influence Reproducibility, in: J. M. Sánchez Morgado, Experimental Design and Reproducibility in Preclinical Animal Studies, 2021, S. 53 ff. Insgesamt bestehen hier Spannungsverhältnisse, einerseits Forschungsergebnisse unter kontrollierten Bedingungen reproduzierbar zu halten, andererseits komplexe ökologische Vernetzung abzubilden, was unter Laborbedingungen kaum gelingt. S. hierzu klassisch zu den Leistungsgrenzen von Labormodellen, ökologische Wechselwirkungen zu simulieren, *D. W. Schindler*, Whole-Ecosystem Experiments: Replication Versus Realism: The Need for Ecosystem-Scale Experiments, Ecosystems 1 (1998), S. 323 ff.

519 *OVG Nordrhein-Westfalen*, Urt. v. 20.5.2016 – 20 A 530/15, Rn. 41.

520 *OVG Nordrhein-Westfalen*, Urt. v. 20.5.2016 – 20 A 530/15, Rn. 32; Beschl. v. 10.12.2020 – 20 B 1958/20, NWVBl 2021, S. 176 f.; *VG Berlin*, Urt. v. 15.2.2017 – 24 K 188.14, Rn. 52; *VG Münster*, Urt. v. 17.8.2016 – 1 K 81/14, Rn. 23 ff.; zu § 2 TierSchG entsprechend *Sächsisches OVG*, Beschl. v. 30.9.2015 – 3 B 124/15, Rn. 9 ff.; *VG Regensburg*, Urt. v. 22.1.2019 – RN 4 K 17.306, Rn. 28 ff.

„wenn er als triftig, einsichtig und von einem schutzwürdigen Interesse getragen anzuerkennen ist, und wenn er unter den konkreten Umständen schwerer wiegt als das Interesse des Tieres an seiner Unversehrtheit und an seinem Wohlempfinden“.[521]

Dieses Erfordernis des relationalen Interessenvergleichs soll ebenfalls einen Ausgleich ermöglichen zwischen dem Schutz des Tierwohls und den Interessen, die für die Notwendigkeit der Tötung des Tieres angeführt werden.[522] Insoweit entfaltet sich auch in diesem Kontext – nach der argumentativen Struktur – eine Art der Verhältnismäßigkeitsprüfung.[523] Gemessen hieran – so das *BVerwG* – sei eine Handlung

„jedenfalls dann vernünftig im Sinne des Tierschutzgesetzes, wenn es einem schutzwürdigen menschlichen Interesse dient, das unter den konkreten Umständen schwerer wiegt als das Interesse am Schutz des Tieres“.[524]

Nach Abschluss eines Tierversuchs entscheidet gemäß § 28 Abs. 1 Satz 1 TierSchVersV eine Tierärztin bzw. ein Tierarzt oder eine andere sachkundige Person darüber, ob ein verwendetes Wirbeltier oder ein verwendeter Kopffüßer, dessen weitere Verwendung in dem jeweiligen Versuchsvorhaben nicht mehr vorgesehen ist, am Leben bleiben oder, wenn ein vernünftiger Grund dafür vorliegt, getötet werden soll. Kann nach Abschluss eines Tierversuchs ein verwendetes Wirbeltier oder ein verwendeter Kopffüßer nach dem Urteil der Tierärztin oder des Tierarztes oder der sachkundigen Person nur unter mehr als geringfügigen Schmerzen, Leiden oder Schäden weiterleben, so ist das Tier gemäß § 28 Abs. 2 TierSchVersV unverzüglich schmerzlos zu töten. Dies ist eine Verpflichtung, die positiv zu einer Rechtfertigung (auch im Rahmen des § 17 TierSchG) führt.[525] Liegen diese Voraussetzungen vor, ist kraft unmittelbarer materiell-gesetzlicher Zulassung ein Grund für eine legale Tötung gegeben, ohne dass es daneben auf die Prüfung eines vernünftigen Grundes ankäme.[526] Die Tötungshandlung

---

[521] Gleichlautend BT-Drs. 16/9742, S. 4; *OLG Sachsen-Anhalt*, Beschl. v. 28.6.2011 – 2 Ss 82/11, Rn. 12; *Pfohl* (Fn. 439), § 17 TierSchG Rn. 37; ferner inhaltsgleich *J. Chmielewska/B. Bert/B. Grune/A. Hensel/G. Schönfelder*, Der „vernünftige Grund“ zur Tötung von überzähligen Tieren: Eine klassische Frage des Tierschutzrechts im Kontext der biomedizinischen Forschung, NuR 2015, S. 677 (678); *Hirt/Maisack/Moritz/Felde* (Fn. 283), § 1 Rn. 33; *Lorz/Metzger* (Fn. 285), § 1 Rn. 61; *T. Wagenknecht/B. Eusemann/P. Schwedhelm/G. Schönfelder/B. Bert*, Die Tötung überzähliger Versuchstiere – das Erfordernis des „vernünftigen Grundes“ und die Übertragung aktueller Rechtsprechung auf den Versuchstierbereich, NuR 2023, S. 22 (25).

[522] *BVerwGE* 166, 32 (37); *Hirt/Maisack/Moritz/Felde* (Fn. 283), § 1 Rn. 31; *E. Hoven/J. Hahn*, Tierschutzstrafrecht – Ein Überblick, JuS 2020, S. 283 (824 f.).

[523] *OVG Nordrhein-Westfalen*, Urt. v. 20.5.2016 – 20 A 530/15, Rn. 53.

[524] *BVerwGE* 166, 32 (37); entsprechend *OVG Nordrhein-Westfalen*, Urt. v. 20.5.2016 – 20 A 530/15, Rn. 55.

[525] *Pfohl* (Fn. 439), § 17 TierSchG Rn. 50.

[526] *Wagenknecht/Eusemann/Schwedhelm/Schönfelder/Bert* (Fn. 521), S. 25.

wird wiederum zum Schutz der Tiere vor unnötigem Leiden unter den Vorbehalt veterinärfachlich-professioneller Durchführung gestellt.

Das derzeit breit (und mit einer nachvollziehbaren Grundnervosität) diskutierte Problem der Tötung überzähliger Versuchstiere[527] stellt sich praktisch im Wesentlichen bei Zuchtreihen, die mit genetischer Modifikationen arbeiten,[528] die aber – wie dargelegt: bislang – bei Cephalopoden keine entscheidende Rolle spielen.

Probleme stellen sich allenfalls in Bezug auf die Art und Weise der Tötung. Ein Wirbeltier darf nach § 4 Abs. 1 Satz 1 TierSchG nur unter wirksamer Schmerzausschaltung (Betäubung) in einem Zustand der Wahrnehmungs- und Empfindungslosigkeit oder sonst, soweit nach den gegebenen Umständen zumutbar, nur unter Vermeidung von Schmerzen getötet werden. Geboten ist hier eine dynamische Interpretation im Lichte sich verändernder Erkenntnisse.[529] Für Cephalopoden gilt dieses Erfordernis aufgrund der expliziten gesetzlichen Begrenzung des Anwendungsbereichs hingegen nicht.[530] Das ändert allerdings nichts daran, dass die Tötungsmethode, die im Design des Versuchs im Rahmen der Antragsunterlagen darzustellen ist, unter dem Gesichtspunkt des Refinement Bestandteil der Abwägung bleibt, ob ein Tierversuch ethisch vertretbar ist (§ 7a Abs. 2 Nr. 3 TierSchG).

Insoweit wird man dann aber wieder auf das Problem zurückgeworfen, dass über sanfte Tötungsmethoden für Cephalopoden noch erhebliche Unklarheit besteht.[531] Namentlich die Wirksamkeit der zur Verfügung stehenden Methoden der Anästhesie ist nicht hinreichend aufgeklärt.[532] So wird teilweise schlicht $MgCl_2$ als das verbreitet benutzte Anästhetikum[533] überdosiert, aber zugleich darauf hingewiesen, dass diese Methode bislang nie wissenschaftlich systematisch untersucht wurde.[534] Letztlich muss hier das gelten, was alle Unsicherheiten im Kontext von Tierversuchen betrifft: Die Wissenschaftsfreiheit (Art. 5 Abs. 3 Satz 1 GG) setzt der Vorsorge Grenzen. Ein tastendes Vorgehen, das den Prozess der Wissens-

---

527 Eingehend zur Rechtfertigung und deren Grenzen *T. Wagenknecht/B. Eusemann/P. Schwedhelm/G. Schönfelder/B. Bert*, Das Vorliegen eines „vernünftigen Grundes" bei der Tötung überzähliger Versuchstiere, NuR 2023, S. 225 ff.

528 *H. Wewetzer/T. Wagenknecht/B. Bert/G. Schönfelder*, The fate of surplus laboratory animals, EMBO Reports 24 (2023), Article e56551, S. 1 (1).

529 *OVG Nordrhein-Westfalen*, Urt. v. 20.5.2016 – 20 A 530/15, Rn. 67.

530 Anlage 2 zur TierSchVersV enthält korrespondierend zwar eine nach Gattungen aufgeschlüsselte Liste standardisierter Tötungsverfahren, Cephalopoden enthält diese Liste aber nicht.

531 *Andrews/Darmaillacq/Smith et al.* (Fn. 272), S. 59 f.

532 *Sykes/Baptista/Gonçalves/Andrade* (Fn. 152), S. 150.

533 Oben Fn. 330.

534 *Andrews/Darmaillacq/Smith et al.* (Fn. 272), S. 60, 61.

generierung offenhält, muss möglich bleiben. Das schließt Tierversuche ein, die Anästhesie erproben, was dann zwangsläufig das Risiko in Kauf nimmt, mit der Hoffnung auf wirksame Betäubung vielleicht daneben zu liegen. Die Abwägung muss im Übrigen jenseits der gezielten Forschung an Anästhesiemodellen pragmatisch mit den Indizien arbeiten, die für die Wirksamkeit der verfügbaren Betäubung sprechen und die Restunsicherheit als relativen Belang des Tierwohls behandeln.

# VII. Resümee

Tierversuchsrecht ist Forschungsrecht und damit unmittelbar bezogen auf wissenschaftliche Forschungsfelder sowie deren Fachkulturen, Praktiken und Eigenheiten. Eine angemessene rechtswissenschaftliche Betrachtung von Vorgängen naturwissenschaftlicher Forschung muss sich ein Bild über die Forschungsziele, Forschungsinhalte und Forschungsmethoden machen, die normativ bewertet werden sollen. Das ist nicht nur ein okkasionelles Interesse an einem „Realbereich", sondern hier spezifisches Erfordernis der normativen Funktion von Interessenabwägungen im Forschungsrecht. Der Eigenwert von wissenschaftlichen Erkenntnisinteressen wird nur sichtbar, wenn man sich auf den Zauber einer Fachwissenschaft zumindest aus einer oberflächlichen Beobachterperspektive einlässt. Mit der Vergegenwärtigung des bewertungsrelevanten Forschungsbereichs ist nicht primär ein – stets vorausgesetzter – methodengeleiteter Zugriff auf die für die Rechtsanwendung subsumptionsnotwendigen Falltatsachen gemeint,[535] sondern Strukturwissen über Funktionen und Eigengesetzlichkeiten eines Realbereichs, der im Forschungsrecht zudem durch grundrechtliche Freiheit vorgeformt wird.[536] Was das angewandte Verwaltungsrecht hier leisten muss, sollte für die Verwaltungsrechtswissenschaft, so sie gerade Wissenschaft und nicht nur Wasserträger der praktisch das Recht anwendenden Institutionen sein möchte, von sehr großem Interesse sein,[537]

[535] Zur Notwendigkeit einer Methode des Tatsachenzugriffs allgemein *Hoffmann-Riem* (Fn. 9), S. 36 ff.

[536] Vgl. klassisch z. B. *BVerfGE* 111, 333 (354): „die auf wissenschaftlicher Eigengesetzlichkeit beruhenden Prozesse, Verhaltensweisen und Entscheidungen bei der Suche nach Erkenntnissen, ihrer Deutung und Weitergabe".

[537] Dass gerade eine perspektivische Öffnung, wenn sie methodisch diszipliniert stattfindet, am Ende der Eigenständigkeit einer rechtswissenschaftlichen Perspektive gerade zugutekommen kann, betont überzeugend *Voßkuhle* (Fn. 8), § 1 Rn. 71. Dann wird hierbei als Produkt des interdisziplinären Lernens meist ein („transdisziplinärer") Mehrwert entstehen, wenn man die Auseinandersetzung mit einer anderen Disziplin integriert und eigene Zugänge reformuliert. Vgl. *J. Mittelstraß*, Methodische Transdisziplinarität, Technikfolgenabschätzung 14 (2005/2), S. 18 (22 f.); *T. Sukopp*, Interdisziplinarität und Transdisziplinarität, in: M. Jungert/E. Romfeld/ders./U. Voigt (Hrsg.), Interdisziplinarität, 2. Aufl. (2013), S. 13 (25 f.). In solchen Reformulierungen liegen dann Potentiale einer neu ordnenden Reintegration, die der Tendenz zur immer weiteren fachlichen Spezialisierung entgegenwirkt. Zutreffend *J. Renn*, Die Evolution des Wissens, 2022, S. 464 f. (freilich mit arg verzerrender Darstellung der Entwicklungen in den Biowissenschaften).

um sich aus der dienenden Hilfsfunktion einer introvertierten Teilnehmerperspektive[538] zu lösen und die Flughöhe echter Beobachtung zu erreichen.

Wenn der Wissensordnung hinter dem Recht aus gutem Grund verstärkte Aufmerksamkeit gewidmet wird,[539] darf in besonderem Maße das Forschungsrecht nicht drüber hinweggehen, weil es unmittelbar den Prozess der Entstehung wissenschaftlichen Wissens beeinflusst und daher in seiner epistemischen Relevanz sorgfältig beobachtet werden muss.[540] Es bedarf auch hierfür geeigneter Referenzgebiete (Methode: Realbereichs-Referenzgebiet) und Anschauungsfälle (Methode: Fallstudie[541]). Beides ist vielleicht manchmal konturenschärfer und leistungsstärker, wenn man rechtlich induzierte Konflikte vom Grenzfall aus denkt. Fallstudien sind hierbei eine Form juristischer Modellierung, die Sachprobleme repräsentativ veranschaulichen kann. Hier wurde versucht, dies anhand der Forschung mit Cephalopoden im Tierversuchsrecht zu demonstrieren. Jede tierversuchsrechtliche Bewertung bleibt blass, wenn man sich nicht ansieht, um welche Forschung es konkret geht und aus welchen Kontexten heraus Forschungsinteressen erwachsen.

Rechtswissenschaften müssen daher die Konzepte und Strukturen anderer Disziplinen hinreichend zu verstehen versuchen, wenn diese bewertet werden sollen. Insoweit ist es einmal mehr geboten, Rezeptionsbarrieren zu reduzieren und interdisziplinäre Diskursfähigkeit zu entwickeln.[542] Das gilt gerade mit Blick auf die Naturwissenschaften, deren Kontingenzen und Uneindeutigkeiten[543] in den Rechtswissenschaften überwiegend nicht verstanden werden.[544] Voraussetzung jedweder integrativen Perspektive,

---

538 Dazu stellvertretend *J. Braun*, Deduktion und Invention: Gesetzesauslegung im Widerstreit von Gehorsamskunst, Rechtsgefühl und Wahrheitssuche, 2016, S. 99 f.; *A. Ingold*, Das Recht der Oppositionen: Verfassungsbegriff – Verfassungsdogmatik – Verfassungstheorie, 2015, S. 542 f.; *M. Jestaedt*, Das mag in der Theorie richtig sein …, 2006, S. 62 ff.; *Reimer* (Fn. 424), S. 98; *G. Roellecke*, Zur Unterscheidung von Rechtsdogmatik und Theorie, JZ 2011, S. 645 ff.; *J.-R. Sieckmann*, Rechtsphilosophie, 2018, S. 21; *A. Stark*, Interdisziplinarität der Rechtsdogmatik, 2020, S. 60 ff.

539 S. nur *L. Münkler*, Wissen – ein blinder Fleck des Rechts? Aspekte eines Spannungsverhältnisses, in: dies (Hrsg.), Dimensionen des Wissens im Recht, 2019, S. 3 ff.; *dies.*, Expertokratie: Zwischen Herrschaft kraft Wissens und politischem Dezisionismus, 2020.

540 Vgl. *K. F. Gärditz*, Plädoyer für ein Naturwissenschaftsrecht, 2022, S. 43 ff.

541 Zu diesem Darstellungsformat und seinem besonderen epistemischen Wert grundlegend *M. S. Morgan*, Case Studies, in: N. Cartwright/E. Montuschi (Hrsg.), Philosophy of Social Science: A New Introduction, S. 288 (299 ff.).

542 *Voßkuhle* (Fn. 8), § 1 Rn. 37 ff. Konkret für das Verhältnis zu den Naturwissenschaften *K. F. Gärditz*, Umwelt-Rechtswissenschaft und Naturwissenschaften in interdisziplinärer Perspektive, EurUP 2022, S. 267 ff.

543 *J. Mittelstraß*, Der Flug der Eule, 1989, S. 108 f.

544 Kritisch *Gärditz* (Fn. 426), S. 5 f., 356, 439 f.

die Fächer überbrückt oder verbindet, ist stets zunächst ein sorgfältiger Vergleich der Disziplinen, ihrer Erkenntnisziele, ihrer Methoden und ihrer Leistungsfähigkeiten,[545] was viel zu selten erfolgt,[546] auch weil sich die Rechtswissenschaften meist auf methodenorientierte Rezeptionstheorien fokussieren, die ihrerseits juristisch introvertiert bleiben, aber kein wirkliches Interesse an anderen Fächern jenseits der intrajuristischen Verwertbarkeit zeigen. Disziplinen folgen wiederum keiner nebulösen Ontologie des Wissens, sondern sind Produkte der Wissenschaftsgeschichte.[547] Historizität bedingt unhintergehbar zugleich Kontingenz. Geschichtliche Perspektiven vermögen keine Erkenntnisfragen zu ersetzen;[548] und natürlich folgt aus Historizität keine Normativität. Zur Gewinnung von Strukturverständnis, wie sich Forschungsfelder entwickeln und welche Schlüsselstellungen hier die Grundlagenforschung einnimmt, muss aber auch die Rechtswissenschaft verstärkt das wissenschaftshistorische Gedächtnis als Quelle für Referenzfälle[549] anzapfen.[550] Vorliegend wurde zu demonstrie-

---

[545] *Mayr* (Fn. 19), S. 685; eingehend *P. Pruznan*, Research Methodology, 2016, S. 265 f.; *G. Vollmer*, Interdisziplinarität – unerlässlich, aber leider unmöglich?, in: M. Jungert/E. Romfeld/T. Sukopp/U. Voigt (Hrsg.), Interdisziplinarität: Theorie, Praxis, Probleme, 2. Aufl. (2013), S. 47 (61 ff.).

[546] Für einen wissenschaftshistorischen Versuch *H. J. Störig*, Kleine Weltgeschichte der Wissenschaft, 3. Aufl. (1965), der aber auch zeigt, wie leicht holistische Darstellungen in den Details zu ungenau und oberflächlich werden, also letztlich nur anekdotische Evidenz nach Zufallsfunden liefern können. Wissenschaftlicher Fächervergleich muss daher die eigenen Erkenntnisperspektiven präzise definieren und auf konkrete Vergleichsgegenstände fokussieren.

[547] *J. Mittelstraß*, Leonardo-Welt, 2. Aufl. (1996), S. 97 f. Dazu passt auch die jüngst artikulierte Beobachtung, dass die gegenwärtige Differenzierung unserer Fächer letztlich vergröbernd die funktionale Differenzierung der Gesellschaft abbilde. So *A. Nassehi*, Gepflegte Arbeitsteilung?, FuL 2023, S. 332 (334). Auch wenn man das sicherlich relativieren muss (nicht jedem Fach entspricht auch eine spezifische gesellschaftliche Rolle), zeigt dies doch, dass Wissenschaft mit der Gesellschaft und ihrer Geschichte mitsegelt. Im Übrigen darf man dies nicht – in impliziter Reproduktion von Überbau-Unterbau-Metaphorik – als eine Einbahnstraße missverstehen, in der sich die Wissenschaft mit ihren Disziplinen gleichsam zum Derivat der Gesellschaft reduzieren lässt. Die Gesellschaft wird auch durch ihre Funktionssysteme mitgeformt, etwa durch das Recht, aber auch durch die Wissenschaft mit ihren Institutionen. Jüngst wurde zutreffend kritisch bemerkt, dass sich die Zeitgeschichte nur unzureichend mit der Rolle der Verfassungsrechtsprechung und deren Einfluss auf die Politik auseinandersetze. So glanzvoll *D. Grimm*, Die Historiker und die Verfassung, 2022. Analoges dürfte für die Gesellschaftsgeschichte und deren strukturelle Blindheit für den fachwissenschaftlichen Erkenntnisfortschritt richtig sein.

[548] *T. S. Kuhn*, Die Entstehung des Neuen, 1978, S. 71.

[549] Dazu *K. F. Gärditz*, Wissenschaftsgeschichte und politisches System – Fragilität wissenschaftlicher Freiheit im Kontext, WissR 53 (2020), S. 59 ff.

[550] Dass Historie in diesem Kontext eine instrumentelle Rolle spielt, die sich von den originären Erkenntnisinteressen der Geschichtswissenschaft unterscheidet, bemerkt zutreffend *O. Lepsius*, Neues Interesse an Verfassungsgeschichte – Schub für die Inter-

ren versucht, welchen kaum zu überschätzenden Wert die Grundlagenforschung mit Cephalopoden für unser heutiges Verständnis der Physiologie und Organisation des Nervensystems entfaltet hat.[551] Rechtswissenschaft blickt gerne auf einen „Stand der Wissenschaft" (Fälle sind eben hier und heute zu entscheiden), vergegenwärtigt also strukturtypisch (Rechtsdogmatik denkt statisch), benötigt aber einmal mehr eine eigenständige Zeitperspektive, die Entwicklungen und Prozesse nachzuzeichnen vermag.[552] Das gilt auch für die regulierten Realbereiche. Den sozialen Wert von Wissenschaft wird man in seiner vielschichtigen Farbigkeit und seiner Farbtiefe nicht richtig erfassen, wenn man nur Momentaufnahmen aktueller Diskurse zur Aktenlage bürokratisiert. Forschung wird angetrieben von der rational begründeten Hoffnung auf Entwicklung, die aber nur als etwas Fluides in der Zeit angemessen evaluiert werden kann. Zukunft braucht Vergangenheit.[553] Ein informierter Blick in die Historizität des jeweiligen Fachwissens würde dann oft sehr schnell offenbaren, dass die meisten heutigen Anwendungen wissenschaftlichen Wissens fragil auf den Schultern des unscheinbaren Riesen neugieriger Grundlagenforschung balancieren.[554]

Auf den konkreten Kontext heruntergebrochen: Das Gewicht, das die Grundlagenforschung in den tierschutzrechtlichen Abwägungen erhält, lässt sich nur angemessen bestimmen, wenn man ein Verständnis für die Ideen des Modells und des Modellorganismus als epistemische Denkka-

---

disziplinarität?, in: I. Augsberg/M. W. Müller (Hrsg.), Theorie der Verfassungsgeschichte, 2023, S. 209 (210). Freilich lässt sich eine ernstzunehmende Wissenschaftsgeschichte, um die es vorliegend geht, nicht allein aus einer Beschreibung von Praktiken gewinnen, ohne zugleich einen theoretischen Begriff von Wissenschaft als Bezugspunkt zu bilden, der dann wieder (auf einer Metaebene) reintegrierend wirkt. In diesem Sinne *J. Mittelstraß*, Die Möglichkeit von Wissenschaft, 1974, S. 114 ff. Vgl. anschaulich für eine historische Kontextualisierung von Versuchstierschutz im Lichte der pharmakologischen Geschichte der Entdeckung analgetisch bzw. anästhetisch wirkender Wirkstoffe *R. E. Clutton*, An Anglocentric History of Anaesthetics and Analgesics in the Refinement of Animal Experiments, in: G. C. Musk (Hrsg.), Refinements to Animal Models for Biomedical Research, 2021, S. 5 (8 ff.).

[551] Oben III. 2., S. 27 f.

[552] *K. F. Gärditz*, Verfassungsentwicklung und Verfassungsrechtswissenschaft, in: M. Herdegen/J. Masing/R. Poscher/ders. (Hrsg.), Handbuch des Verfassungsrechts: Darstellung in transnationaler Perspektive, 2021, § 4 Rn. 159 f.

[553] Vgl. auch *K. F. Gärditz*, Zukunftsverfassungsrecht, AöR 148 (2023), S. 79 (112 ff.).

[554] Wissenschaftssoziologisch wird die Entstehung der Grundlagenforschung als Begriff teils damit erklärt, dass die ältere Idee einer „reinen" Wissenschaft um ihrer selbst willen in einer immer stärker von Wissenschaft und Technik geprägten Gesellschaft immer weniger plausibel und daher die Idee der Grundlage eingeführt wurde, „als einer Vorstufe für Innovationsprozesse aller Art". So *D. Kaldewey*, Wahrheit und Nützlichkeit: Selbstbeschreibungen der Wissenschaft zwischen Autonomie und gesellschaftlicher Relevanz, 2013, S. 360 ff. (Zitat S. 361).

tegorien entwickelt. Wissenschaftliche Aussagen der Biologie müssen mit erheblicher Komplexität operieren und enthalten daher ein breiteres Band der Kontingenz als Naturwissenschaften unbelebter Systeme,[555] was die Deutungssicherheit von Aussagen verringert. Modellorganismen können hierbei die Komplexität von Zusammenhängen, stofflichen Wirkungen oder Entwicklungspfaden offenlegen oder verdeutlichen.[556] Dabei bleiben Modelle aus einer wissenschaftstheoretischen Perspektive notwendig janusköpfig: Organismen sind Proben aus der Natur, als Modell und damit als abstrahierende Konstruktion aber auch menschliche Artefakte.[557] Die damit verbundene epistemische Abstraktionsleistung, von der die zu erreichenden Erkenntnisziele unmittelbar abhängen, muss man sich hinreichend vor Augen führen, wenn man rechtlich gebotene Abwägungen (wie die Frage der ethischen Vertretbarkeit) wissenschaftsadäquat bewältigen möchte. Trotz der Distanz der Arten und der Anfälligkeit von Modellen für Verzerrungen hat die Wissenschaftsgeschichte die Leistungsfähigkeit des modellierten Arbeitens im Tierversuchslabor immer wieder eindrucksvoll demonstriert. Für jedes Tiermodell, das sich als gänzlich ungeeignet erwiesen hat, was geflissentlich und mit instrumenteller Larmoyanz beklagt wird, finden sich zahlreiche Beispiele, in denen Modelle eben recht gut funktioniert haben.[558]

Zugleich steht der Forschungsprozess in einem untrennbaren Zusammenhang mit seiner rechtlichen Regulierung und damit den normierten politischen Erwartungen an Ziele und Grenzen von Wissenschaft. Eine Zunahme an neurowissenschaftlicher Erkenntnis wird immer wieder zu Fragen von Schutzverantwortung durch Regulierung führen.[559] Es kommt zu einer – nicht immer glücklichen – Verschränkung von rechtlicher Regulierung und akzessorisch entstehenden biowissenschaftlichen Erkenntnisinteressen. Das zeigt gerade das Tierversuchsrecht: Die Frage, wie man

---

[555] *S. D. Mitchell*, Unsimple Truths: Science, Complexity, and Policy, 2009, S. 45 ff.

[556] *Hubbard* (Fn. 31), S. 67 ff.

[557] *Ankery/Leonelli* (Fn. 19), S. 20.

[558] *A. Guerrini*, Experimenting with Humans and Animals, 2. Aufl. (2022), S. 150.

[559] Für neurowissenschaftliche Probleme aus jüngeren Debatten stellvertretend *A. Kunz/H. Wolff*, Hirnorganoide – Ethische Herausforderungen und ihre Berücksichtigung und Umsetzung im Recht, MedR 2021, S. 800 ff.; *T. M. Spranger*, Neurowissenschaften und Recht, in: Jahrbuch für Wissenschaft und Ethik 12 (2007), S. 161 ff.; *ders.*, Der Einsatz neurowissenschaftlicher Instrumente im Lichte der Grundrechtsordnung, JZ 2009, S. 1033 ff.; *J. Taupitz*, Der rechtliche Status von Hirnorganoiden, MedR 2021, S. 407 ff. *L. Wiese*, Hirnorganoide als (potentielle) „Novel Beings", GesR 2022, S. 762 (766 ff.). Vgl. unter anderen Auspizien auch *J. Kersten*, KI-Kunst – Künstliche Intelligenz und künstlerische Freiheit, in: Festschrift für Moris Lehner zum 70. Geburtstag, 2019, S. 437 ff. Früher und allgemein bereits *W. Heun*, Die grundgesetzliche Autonomie des Einzelnen im Lichte der Neurowissenschaften, JZ 2005, S. 853 ff.

Bewusstsein und Empfindungsfähigkeit definiert, könnte aus biowissenschaftlicher Sicht in der Schwebe bleiben, solange man sich auf neuronale Erkenntnisinteressen beschränkt oder tierisches Verhalten erklären will. Mit der rechtlichen Kategorisierung von Leiden entsteht aber die Notwendigkeit, die Anforderungen des Tierschutzrechts auch biologisch auf den Begriff zu bringen. Teilweise wurde die Tierversuchsrichtlinie aus dem Kreis der Cephalopoden-Forschung daher auch als Motivationsimpuls wahrgenommen, Methoden zu verbessern und zu standardisieren.[560] Der Druck, Methoden zu verfeinern und vorhandene Daten gemeinsam zu nutzen, setzt eine hohe Selbstorganisation der Scientific Community voraus, die vielleicht einen Bruch mit liebgewonnenen Praktiken des Kompetitiven bedeuten mag. Das wäre nicht das schlechteste Ergebnis. Das Recht zwingt hier zu einer fachlichen Konsolidierung, geboren aus der Not und getragen von der Einsicht, dass juridico-politische Institutionen sowie Wissenschaftssystem wechselseitig voneinander abhängig sind und daher miteinander einen konstruktiven Umgang finden müssen.[561] Die Prozesse seit der Aufnahme der Cephalopoden in das europäische Tierversuchsrecht haben dies kristallklar gezeigt.

Wir brauchen nicht nur eine ethisch sensible Wissenschaft, sondern auch eine Ethik, die den Herausforderungen und Strukturen der Wissenschaft gerecht wird.[562] Rohes Wissen hat einen moralischen Wert. Wissenschaftlicher Erkenntnisfortschritt setzt voraus, dass Spielräume des Experimentellen verbleiben und nicht durch vorsorgliche Spekulation ersetzt werden.[563] Spekulatives Vorgehen ist wissenschaftsethisch ein Defizit, das seinerseits der Rechtfertigung bedarf. Die normativ verankerte Bemühung um das Tierwohl darf daher nicht dazu führen, dass überzeichnete Vorsorge die praktischen Möglichkeiten erstickt, Hypothesen experimentell zu überprüfen und damit zugleich Erkenntnisse zu gewinnen, auf die insbesondere ein ethisch verantwortbarer Umgang mit Tieren immer zurückgeworfen sein wird. Gerade wissenschaftliche Randbereiche wie die Forschung mit Cephalopoden können dies demonstrieren. Viele Durchbrüche der Wissenschaft sind von der äußeren Peripherie der Grundlagenforschung und von Orchideenfächern ausgegangen. Eine Forschungsethik des Tierversuchs kann sich auch insoweit nicht ausschließlich an Belangen des Tierwohls orientieren, die mitunter die Sicht auf den Eigenwert wissen-

---

[560] *De Sio/Hanke/Ponte et al.* (Fn. 96), S. 4.

[561] *De Sio/Hanke/Ponte et al.* (Fn. 96), S. 4: „Where history and geography have conjured in keeping these communities apart, there is reasonable hope that biology and legislation can co-operate in having them converge".

[562] *Mittelstraß* (Fn. 547), S. 109 f.

[563] Für den Impuls zu dieser Erwägung danke ich sehr herzlich *Karoline Linzbach*.

schaftlicher Forschung unnötig und mit technokratischer Kleinteiligkeit verstellen. Eine solide Ethik des Tierversuchs benötigt einen (zumindest virtuellen) Blick in die Forschungslabore, den die – typischerweise in selbstgefälliger Bräsigkeit an ihren Realbereichen eher desinteressierte – Rechtswissenschaft kaum wagt. Wir brauchen eine Liebe zur Wissenschaft in ihrer schillernden Vielfalt und ihrer stillen Poesie, zur Wissenschaft, die eine ruhelose Neugierde und ein Ethos des Erkenntnisstrebens als gemeinsames Band am Ende über alle fachlichen Unterschiede hinweg vereint. Und vielleicht ist es einfach auch nur das, um was es bei diesem Tauchgang durch die Forschungsaquarien mit Kalmaren, Sepien, Perlbooten und Kraken letztlich ging.

# Schlagworte